思维导图
说中国传统文化

王阳◎编著
袁浩◎绘

北京理工大学出版社
BEIJING INSTITUTE OF TECHNOLOGY PRESS

图书在版编目（CIP）数据

思维导图说中国传统文化 / 王阳编著；袁浩绘 . —北京：北京理工大学出版社，2020.8（2023.12 重印）

ISBN 978-7-5682-8474-5

Ⅰ . ①思… Ⅱ . ①王… ②袁… Ⅲ . ①中华文化—少儿读物 Ⅳ . ① K203-49

中国版本图书馆 CIP 数据核字（2020）第 088665 号

责任编辑：徐艳君　　　　**文案编辑**：徐艳君
责任校对：刘亚男　　　　**责任印制**：施胜娟

出版发行 / 北京理工大学出版社有限责任公司

社　　址 / 北京市丰台区四合庄路 6 号

邮　　编 / 100070

电　　话 /（010）68944451（大众售后服务热线）
　　　　　　（010）68912824（大众售后服务热线）

网　　址 / http://www.bitpress.com.cn

版 印 次 / 2023 年 12 月第 1 版第 4 次印刷

印　　刷 / 新生时代（天津）印务有限公司

开　　本 / 787 mm×1200 mm　1/24

印　　张 / 8

字　　数 / 105 千字

定　　价 / 55.00 元

中国是四大文明古国之一，在漫长的历史长河中，我们的祖先们积累了丰富的知识和智慧，形成了独特的传统文化。传统文化的内容非常丰富，既有思想方面的儒家、法家、道家、墨家等诸子百家，也有诗、词、歌、赋等类型的文学作品，还有医学、饮食、服装、建筑、戏曲、民俗等各种各样的形式。传统文化是先祖留给我们的一座巨大宝藏，只要用心观察就会发现，它离我们其实并不遥远。过年的时候要贴春联和窗花，中秋节得吃月饼，清明要祭祀祖先，这些都是中华民族的传统文化，而这些文化早在原始社会就开始积累了。先民们聚在一起组成一个又一个部落，一起和恶劣的自然环境斗争，研究自然界的各种规律，不断改变自己的思想和认知，使部落更加强大。为了给族人们治病，神农尝遍了所有的草药；为了更好地认识世界，伏羲画出了八卦，这些都是传统文化的起源。

到2700多年前的春秋战国时期，战争不断，百姓过得非常艰难，很多先贤都提出了自己对世界的认识。孔子认为只有通过"仁义"才能治理天下，老子认为要"无为而治"，韩非子认为必须制定严格的法律才能管理国家，墨子则认为应该减少战争，百姓才能得到安宁，这就是我国历史上非常著名的"百家争鸣"，也是我国历史上思想最灿烂辉煌的时期。这些思想流派能够叫得上名字的就有189家，影响最大的就是儒家、道家和法家。这些思想中都蕴含着丰富的哲理，对我们认识世界有很大的帮助。

每个朝代都有自己的特色和流行的文学，唐诗、宋词和元曲是我们最耳熟能详的文学史上的瑰宝，为什么不同的时代就会有不同的文学呢？其实，这些不同的文学都和当时的社会有很大的关系。唐朝是一个非常开放的王朝，诗是最能表现这种盛世气象的；宋朝经济繁荣，词可以满足大家的娱乐需求；元朝的文人们不得志，就开始创作百姓们喜欢的杂剧和戏曲。其实，不管是哪种形式，它们都有一个共同的祖先——《诗经》。

文人们在不断创作，百姓们也没闲着，他们创造了各种各样的地方戏曲，最有名的是京剧、越剧、黄梅戏、评剧和豫剧，被称为"中国五大传统戏曲"，演员们穿着戏服，画着彩妆，在台上"唱念做打"，好不热闹；除了戏曲，民间还产生了剪纸艺术，只需要一把剪刀、一张纸，艺人们就能剪出各种各样的造型，有动物，有花鸟，还有各种神话人物，又喜庆又漂亮。这些传统文化的内容，书里都有详细的介绍，既有趣，又能增长知识，快打开看看吧。

王阳

当下最流行的思维工具——思维导图

"传统文化"和"思维导图",这两个词看似没有什么关联,其实却是一种很好的结合。为了让大家清楚思维导图的每个部分叫什么,每一部分是怎么画出来的,我先来给大家介绍一下这个当下最流行的思维工具——思维导图的结构。

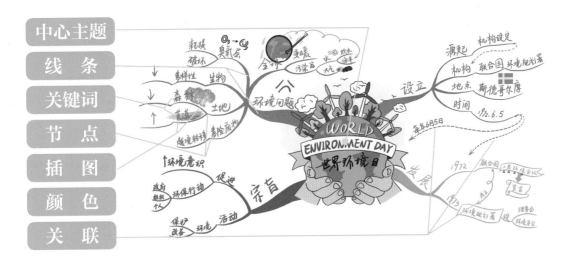

其实思维导图非常简单，总共包含7个要素。其中，每一张思维导图都会有一个中心主题。这张思维导图上所有的内容都是围绕着这个主题展开的。因为这个主题非常重要，所以我们通常会用一个最明显的图案表达主题。

这个图案有什么用呢？第一：可以让我们在大量的思维导图中快速找到它，就像下面这张截图。这里有很多张思维导图，在缩略图的情况下，我们也能快速找到我最想要的那一个，就是因为有着非常清晰、醒目的中心图。

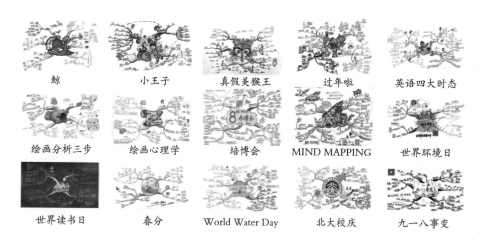

第二：给一点时间沉浸在中心主题的绘制过程，实际上也是让我们多一点时间思考这个主题。思考我们绘制这张思维导图的目的——我们到底要画什么，我们画给谁看，我们要画成怎样的方式，等等。

第三：突出的中心主题，能够刺激大脑时刻关注着这个关键点，让我们的思考不

"溜号"，不跑题。

中心图绘制的过程一般按照如下步骤：

在横放的纸张上，找到中心位置，绘制你大脑中所想到的一个图案。这张思维导图我要绘制的是"世界环境日"。保护环境是什么样的画面呢？我想到的是一双手托起地球。

紧接着，根据需求，我们陆续完善中心主题。画成中心图。一般的中心图由三部分组成：

一、直指核心的图案。这个图案不一定要精致，也不要求必须多么漂亮，但是要能够表达这张思维导图的主题内容。

二、说明核心的文字。这张思维导图画的是什么，要把文字写在中心图上。

三、要有三种以上的颜色。颜色是为了更加凸显、增强辨识度。

思维导图的第二个重要的部分是线条。线条有两种。一种是紧连着中心主题的粗线条，我们也叫它主干；另一种是主干之后的细线条，我们叫它分支。那么如何画，如何看呢？

通常，在一张思维导图中，第一个线条默认为右上角的那一个，大约2点钟的方向。然后沿着顺时针的顺序绘制或者阅读。

绘制主干的时候，先画出轮廓，里边可以涂实颜色，也可以画一些小花纹，这个不做统一要求。然后画一条线，就在一条线上写好对应的关键词。关键词的颜色和线条的颜色最好一致，这样画起来不用来回换笔，比较节省时间。像下边五个小图这样。

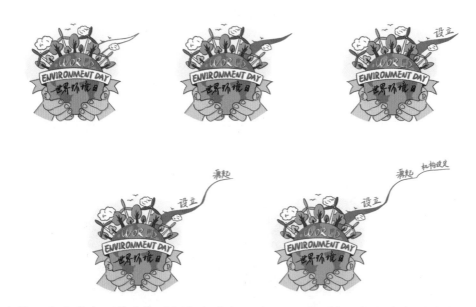

当第一个小分支下的内容（源起）全部画完后，再画第二个小分支下的内容（机构），然后第二个画完之后，再画第三个小分支（地点），以此类推。不可以一次把线条都画完再最后写文字。因为这样非常容易出现错误，并且不好更正。

第三个重要结构就是关键词了，也就是这些线条上的文字。值得一提的是，这些文字都是词语，是一句话中最重要的几个词，而不是把整句话都写进去。

第四个部分，是节点。节点是什么呢？他们是线与线的交点。我们通常是通过节点和线条的组合来判断逻辑关系的。比如递进、总分、并列等。

比如这里的"设立"与"时间""地点"等就是总分关系，"时间"与"地点"就是并列关系，"设立""时间""1972.6.5"就是递进关系。

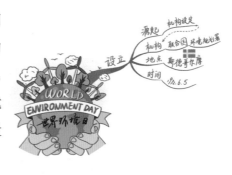

按照内容逻辑和要求，我们陆续画完这张思维导图的文字部分。步骤如下：

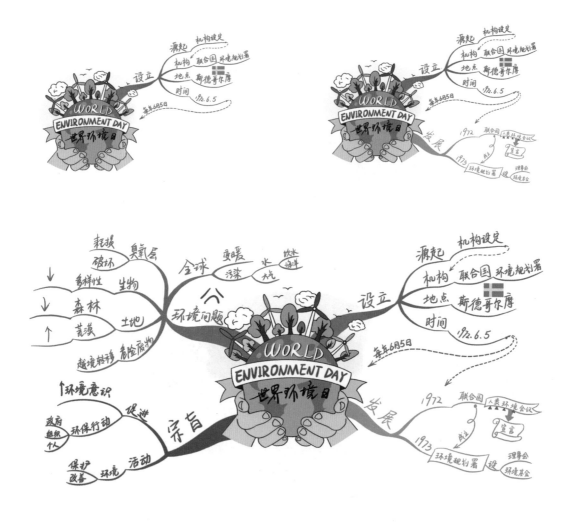

　　此外，思维导图还有三个要素是插图、颜色、关联。但是这三个要素不是每一张思维导图都必须有的。

　　插图就是除中心主题之外的所有图像了，它们的作用是提示重要的信息，让我们产生回忆联想。不重要的地方，或者没有回忆需求的时候，是可以不画插图的。但是说回来，有插图的思维导图更利于我们记忆。

　　比如这张"世界环境日"思维导图，让孩子们正视环境问题，提高保护环境的意识更为重要，所以相比第四板块的"环境问题"来说，世界环境日的设立过程、发展过程、设立宗旨就都没有那么重要了。根据这个需求，在第四板块增加了一些插图。

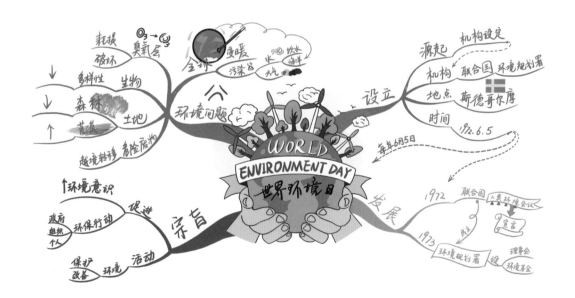

颜色指的是每一个区域有自己的颜色。我们看前面"世界环境日"那张思维导图，每个大板块都有自己的颜色。相邻板块用对比鲜明的颜色区分，也是为了能够更快速地对所画的内容理解、分类、记忆。

关联指的是在思维导图当中，有一些游离在外边的线条。这些线条和中心图并不连在一起，它的两端可能指向两个关键词，或者插图。这样的线，是表明这两部分的内容有关联。比如"世界环境日"思维导图中，第一板块的"时间"下，表示的是这个节日设立的时间是1972年6月5日，但并不是只有这一天才是，而是"每年的6月5日都是世界环境日"，这句话写上去会有点长，并且没有合适的位置。可以通过一个箭头加上解说，指向"世界环境日"。

再比如第二部分"发展"中，1973年联合国成立环境规划署，这个"环境规划署"与上方的"联合国"有紧密的联系，需要用这样的关联线标注一下。

关联信息可以是用线条链接的，也可以是用一模一样的插图来表示。

思维导图只是一种思维工具，并没有标准答案。书中给到的导图只是其中的一种形式。比如读到相同的内容，不同人的脑海中可能会呈现不同的画面，所以小朋友们不用拘泥，可以充分发挥自己的想象力，画出自己心中的思维导图。希望这种思维工具可以帮助你在今后的学习中事半功倍。

袁浩

目录
contents

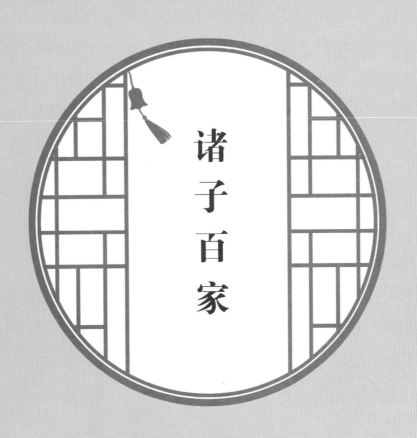

诸子百家

道家

　　道家是大约2500年前由老子总结前人智慧形成的学派，主张"清净"和"无为"，对国家的历史、政治和宗教产生了很深的影响。道家的起源跟三个学说有关，第一个是八卦，第二是阴阳，第三是五行。

　　八卦要追溯到7000多年前的"人皇"伏羲时代。伏羲根据"河图"和"洛书"画出了先天八卦，用八种符号来表示"天、地、日、月、山、风、雷和沼泽"，这八个符号合在一起，就成了古人眼中的世界。到了周朝，周文王把伏羲八卦两两之间进行组合，形成了六十四卦，这就是我们现在所说的《周易》。

　　后来在八卦的基础上创立了阴阳学说。这种学说认为，世界上所有的东西都是由阴和阳组成的，就是我们现在经常看到的"太极"，比如手背是阳面，手心就是阴面，再比如山朝着太阳的一面是阳面，另一面就是阴面。世界是由阴阳产生的。

　　那世界是怎么运转的呢？五行学说认为，"金木水火土"是构成世界的五种最基本的元素，五种元素之间可以互相生发，又互相克制，一起确保世界的运转。

　　后来，老子就把八卦、阴阳和五行结合在一起，写成了《道德经》，第一次用了"道"

这个说法，道家就算是正式成立啦。所以说，道家不是一个人发明创造的，而是很多人一起创立的，它是我们祖先智慧的集合。

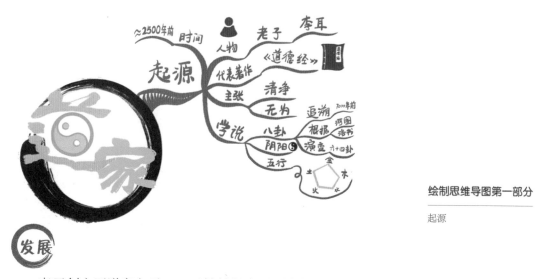

绘制思维导图第一部分

起源

老子创立了道家之后，一开始并没有受到人们的重视，因为当时大家都在打仗，觉得这种学说没有什么用，还是教打仗的兵家和治理国家的法家更实用一点。直到2200多年前，秦始皇当了皇帝，道士们受到了重用，被派去为秦始皇炼丹，虽然后来都失败了，但是炼丹这一派却发展起来了。

到了约2200年前的汉朝，皇帝采用了老子"无为而治"的说法，不去打扰老百姓，百姓们都富裕起来，粮食吃不了都发霉了，穿钱的绳子都磨断了。到东汉末年，张道陵根据道家的理论创立了"正一教"，道家产生了新的分支，正式成为宗教，叫作"道教"。

到了1700多年前的魏晋南北朝时期，茅山有个叫葛洪的道士创建了一套长生成仙体系，丹鼎派也开始发展起来。

到了1400多年前的唐朝，道教成了国教，当时盖了很多道观，还出现了很多厉害的人物，比如写出《千金方》的孙思邈，还有写出《乙巳占》的李淳风，他们不只推动了道教的发展，还推动了医学和天文学的发展。

到了800多年前，元朝时候的道士丘处机的全真教和道教一起发扬光大，后来，还出现了茅山宗、太一道、神霄派等好多教派。

到了600多年前的明朝，皇帝盖了很多很多的庙，比如我们现在经常看到的城隍庙、土地庙。老百姓们还创造了很多很多的神仙，王母娘娘、玉皇大帝等都是那个时候才开始流传起来的。从此，道教慢慢进入了百姓的生活，神仙的数量也越来越多了。如今，道教已流传到了世界各地。

绘制思维导图第二部分

发展

代表人物及典籍

黄帝

黄帝生活在距今4000多年的远古时代，是华夏族的部落首领，也是中华民族的"人文初祖"，他的《黄帝内经》是道家养生的基础，也是中医的基础。

老子

老子名叫李耳，生活在距今2500多年的春秋时期，他是道家的创始人，当过周朝的"图书管理员"，他写的《道德经》被认为是道教的开端。

周文王

周文王名叫姬昌，是周朝的第一个君主，他曾被商纣王关在监狱里，拿地上的茅草把八卦变成了六十四卦，后来，他把这些卦记录在一本书里，叫作《周易》。

庄子

庄子名叫庄周，生活在距今2300多年的战国时代，他是楚国王室的后代，喜欢过自由自在的生活，想象力非常丰富，

绘制思维导图第三部分

代表人物及典籍

他写的《庄子》里有很多神仙和巨大的动物，非常有趣。庄子和老子都是道家重要的创始人，被人们称为"老庄"。

学派关系

老子创立了道教之后，经过很长时间的发展，形成了五个道家的派别。

老庄学派：主要研究老庄说的"道"，主张"不言而教"，反对虚伪和条条框框，认为应该根据人的天性自然教育。

黄老学派：主要研究黄帝和老子的思想，主张"无为而治"，要求皇帝对百姓好一点，不要管得太严，让他们自己发展。

杨朱学派：创始人叫杨子，他们认为，每个人都应该完善自己，这样社会就会变得和谐。

道教之学：道教是从张道陵创建"正一教"开始的，跟基督教一样，属于宗教，有崇拜的神仙，有各种各样的讲究和礼仪。

新道家：就是现代信仰道家的人组成的学派。还有人认为，只要是按照自己的天性生活，不反对别人天性的人都可以叫新道家。

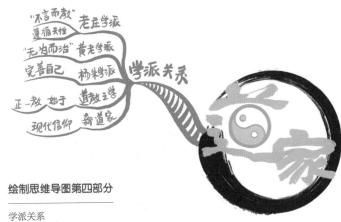

绘制思维导图第四部分

学派关系

历史典故

庄周梦蝶

庄子在一次睡觉的时候，梦见自己变成了一只蝴蝶，在花丛中自由自在地飞来飞去，看着美丽的花朵，闻着花香，非常快乐。突然，一阵风吹了过来，庄子打了个冷战起来了，他左看看，右瞧瞧，又用手捏了捏自己的脸才恍然大悟："哦，原来我是庄子，不是蝴蝶啊！"庄子十分难过，因为梦里的感觉实在是太真实了，太快乐了，他想，自己要是真的变成蝴蝶就好了。不过，他又转念一想，到底是我在梦里变成了蝴蝶，还是蝴蝶在梦里变成了庄子呢？这是个很有趣的问题，于是，他就把这件事写到了自己的书《庄子》里面，这就是"庄周梦蝶"的故事。

河图洛书

有一天，伏羲在洛阳孟津的黄河边，一个人静静地坐着沉思，思考人生和宇宙的道理。这个时候，他看到一只大乌龟浮上了水面。在乌龟的背部，刻有一些奇奇怪怪的符号，好像和天上的星宿很像，于是，他就把这些图案记了下来。过了一段时间，他又坐在河边上，一只长得像龙一样的马踩着水跑了过来，背上也有一个跟龟背上一样的图案，伏羲又把这个图案记

绘制思维导图第五部分

历史典故

了下来。后来，他经过努力学习和研究，根据这两幅图画出了八卦。

道家

完整思维导图

画出属于你的思维导图

每个人心中的思维导图都不一样，小朋友们，发挥你的想象力，画出你心中的思维导图吧！

墨家

　　墨家是战国时代比较盛行的一个学派，反对等级制度，主张人和人之间是平等的，人的命运不是天生的；墨家还反对侵略战争，号召节约，反对浪费，重视对自然科学的研究，主张君主们应该按照上古时代的管理方法做事。

　　墨家的思想是为普通老百姓服务的。当时的中国分裂成了很多国家，这些国家之间每天都在打仗，墨翟觉得老百姓过得太辛苦了，就收了很多人做学生，给他们讲自己的想法，这些人后来都成了墨家的成员，叫作"墨者"。墨家跟道家、儒家不一样，是一个团队，首领叫作"巨子"，墨子就是第一个首领，成员都是普通的老百姓，有农民，有商贩，还有工匠，他们都被派到各个国家宣传自己的思想。后来，墨子把自己的思想都写进了《墨子》这本书里，学生又把他说过的话、做过的事写了进去，就成了我们今天看到的《墨子》。

绘制思维导图第一部分

起源

在战国时代，墨家的思想很受老百姓的欢迎，当时墨子的弟子非常多，几乎每个国家都有；不过，因为墨子反对等级制度，君王们不是很喜欢墨子的说法，对墨家也不是很重视。

到了后来，墨家分成了三派：一派是研究数学、天文和几何学等学问的"墨家后学"；另一派喜欢辩论，他们跑到各个国家去和别人辩论，宣传自己的思想，反对战争，希望大家能用和平的方式解决问题；还有一派是"游侠"，这些人在各个国家行侠仗义，他们从来不遵守其他国家的法令，只按照墨家的规则做事。到了汉朝，汉武帝听从了董仲舒的建议，在全国推行儒学。由于墨家的思想与儒家的思想相悖，所以，从汉武帝时期开始，慢慢地就没有人再去学习墨家的思想了。

汉武帝时期，有一个非常有名的游侠，名叫郭解，经常行侠仗义，很多人都去投奔他，郭解的势力也越来越大。后来，郭解因为手下杀人被告到了皇帝那里。有个官员告诉皇帝："郭解虽然是个平民，却因为小事杀人，根本不把国家的法律放在眼里，应该杀掉。"于是，汉武帝不仅杀死了郭解，还把所有的游侠都杀了，墨家游侠一派也就跟着消失了。

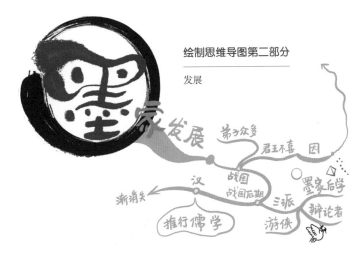

绘制思维导图第二部分

发展

代表人物及典籍

墨子

墨子生活在约2400年前的战国时期，名叫墨翟，他是贵族的后代，在宋国做过官。一开始，他跟着别人学习儒学，后来发觉自己对儒家思想很多地方不能认同，而且儒家礼仪太多，自己很不喜欢，于是创立了墨家，招收了很多学生。除传授思想之外，他还到处去阻止战争的发生。后来，他把自己的思想都写进了《墨子》里，墨家的学生又把他说过的话和做过的事情写了进去，一共有七十一篇，到现在只剩下了五十三篇。《墨子》里除了墨子的思想，还有军事、工程学、力学和几何学、光学等自然科学内容。

邓陵子

邓陵子是战国时期的楚国人，他是游侠派的代表人物，他认为战争都是贵族为了争夺土地和财富发动的，对老百姓一点好处都没有，于是在各个国家行侠仗义，帮助老百姓阻止战争。

相里勤

相里勤是战国时期的秦国人，他是墨家研究自然科学的代表人物，他认为只有秦国能够统一中国，结束战争，所以愿意帮助秦国。

绘制思维导图第三部分

代表人物及典籍

快马加鞭

墨子有一个学生叫耕柱子，他非常聪明，但是却很懒，不好好学习，墨子总是责备他。有一天，耕柱子跑去问墨子："师傅，你经常责备我，是不是因为我没有比别人强的地方呢？"墨子问他："我要去太行山一趟，可以乘坐马车和牛车，你愿意拿鞭子打马还是打牛呢？"耕柱子想了想，回答说："我当然愿意用鞭子打马。"墨子继续问他："你为什么要用鞭子打马，却不打牛呢？"耕柱子说："因为马本来就比牛跑得快，感觉也比牛更加的灵敏，如果打马的话，它肯定跑得更快。"墨子问耕柱子这个问题，就是要让他明白，自己经常责备他，是把他当成快马在鞭策。于是，他对耕柱子说："我觉得你也是值得鞭策的，所以才经常责备你，你懂了吗？"耕柱子听了墨子的话，觉得非常惭愧，原来老师是为了让他有上进心。于是，耕柱子发奋读书，刻苦用功，再

绘制思维导图第四部分

历史典故

也不用墨子监督他了。这就是"快马加鞭"的故事。

墨守成规

战国时期的墨子非常擅长守城。有一次，他听说楚国要派兵攻打宋国，楚王还让鲁班给他设计了一种云梯，专门在攻城的时候使用。为了阻止这场战争，墨子急忙跑到楚国去见楚王，经过他的劝说，楚王还是不同意放弃战争。于是，墨子想了一个办法，他告诉楚王："不如我们先试试，看看楚国能不能获得胜利吧。"说着，他解下了自己的衣服带子，围成一圈当作城墙，用木片当作武器，让鲁班代表楚国，自己代表宋国。鲁班想了很多办法攻城，都被墨子挡住了，最后，鲁班用完了所有攻城用的物品，还是不愿意认输，他告诉墨子："我有办法攻破你的城墙，但是我不说。"其实鲁班是想让楚王杀了墨子，这样就没有人阻止他了。没想到墨子听完之后却说："我也有办法守住你的进攻，但是我也不说。"楚王感到十分好奇，就问墨子有什么办法，墨子说："我早就派了三百人去帮助宋国守城了。"楚王无奈地叹了口气，放弃了进攻宋国的计划，这就是墨守成规的故事。不过，现在这个成语已经是贬义词了，用来形容人死脑筋，不知道变通。

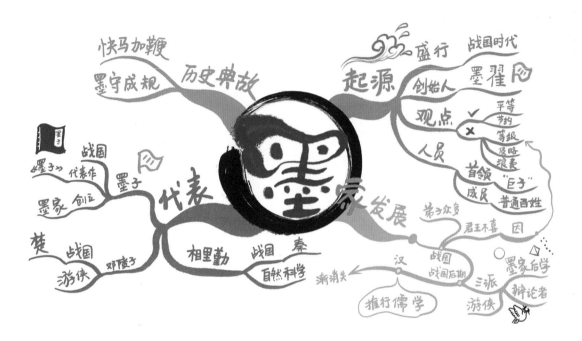

快马加鞭
墨守成规
历史典故

起源
盛行　战国时代
创始人　墨翟
观点　平等　节约　等级　侵略　浪费
人员　首领　"巨子"　成员　普通百姓

墨子
《墨子》　代表作
墨家　创立
楚　战国　游侠
邓陵子
相里勤　战国　秦
自然科学

代表

发展　弟子众多
君王不喜　因
墨家后学　辩论者
汉　战国　战国后期　三派　游侠
推行儒学
渐消失

墨家
———
完整思维导图

画出属于你的思维导图

　　每个人心中的思维导图都不一样，小朋友们，发挥你的想象力，画出你心中的思维导图吧！

法家

起源

　　法家是中国历史上一个非常重要的学派，提倡用法律来治理国家。

　　法家最早出现在4000多年前的夏朝，当时有一种官职叫理官，专门负责国家的法律，夏朝、商朝和周朝都有这个官职。

　　到了春秋时期，齐国在相国管仲的大兴改革下，制定了很多法律和等级制度，成为当时最强的国家，齐桓公也当上了霸主。

　　到了战国时期，农民开始用铁做的农具种地，产出的粮食变得越来越多，出现了很多大地主，他们也想成为贵族，于是，很多国家都

绘制思维导图第一部分

起源

开始修订原来的法律。其中，秦国的商鞅是最有名的，他规定普通的老百姓可以通过开垦荒地和打仗来获得土地，让每个人都可能成为贵族。在商鞅的帮助下，秦国成了当时最强大的国家。

到了2200多年前的战国晚期，韩非子把法家的思想全都写在了《韩非子》这本书里，法家这个学派就正式创立了。

发展

2200多年前，秦始皇建立了秦朝。秦朝能够灭掉其他六个国家，统一中国，都是因为商鞅变法的功劳，所以，秦始皇继续使用法家思想，重用当时的丞相李斯，制定了很多严格的法律。

秦朝灭亡以后，汉朝继承了秦朝的法律制度，但是减轻了很多处罚。汉朝的法官还有专门的帽子，叫"獬豸（xiè zhì）帽"，可以看出汉朝对法家非常重视。

绘制思维导图第二部分

发展

到了1400多年前的隋朝，科举制度开始出现。原来选官的制度叫作"察举制"，官员都是靠别人推荐的，科举制度开始实行以后，想要做官就要先考试，考试的科目里就有法律。

后面的所有朝代都制定了自己的法律，唐朝制定的叫《唐律疏议》，宋朝制定的叫《宋刑统》，元朝制定的叫《大元通制》，明朝的叫作《大明律》，清朝制定的法律叫《大清律》，这些朝代都跟汉朝一样，用儒家思想来教育百姓，用法家的思想来治理国家。一直到100多年前的近代，西方国家开始侵略中国，章太炎、梁启超等人觉得原来的儒家思想非常落后，应该用法家的思想来治理国家，他们称赞法家的人物，还写了很多研究古代法制的书，主张用西方的"法治"眼光来看待法家，他们的思想叫"新法治主义"。

代表人物及典籍

管仲

管仲姓姬，名夷吾，生活在2700多年前的春秋时期，他是当时齐国的相国。管仲很小的时候父亲就去世了，童年过得非常艰苦。管仲一边干活，一边努力地读书，学了很多知识。后来，他在朋友的推荐下当了齐国的相国，制定了法律。在管仲的帮助下，齐国越来越富有，军队也越来越强大，最后成了当时最强大的国家，齐桓公也当上了春秋的第一个霸主。后来，人们称管仲为"法家先驱"。他的代表作《管子》记录了哲学、天文、地理、经济、管理、农业等方面的知识。

韩非子

韩非子，名叫韩非，生活在战国末期，韩国国君的儿子。他曾经跟着荀子学习，却不喜欢儒家的思想，他认为只有按照法律治理国家，才能让国家更加强大。他劝自己的父亲在韩国实行法家思想，还写了很多书来劝他，却都没有被采纳。后来，这些书被秦始皇看到了，决定重用韩非。这件事被当时的丞相李斯知道了，十分嫉妒，就下毒害死了他。韩非把自己的想法都写在了《韩非子》一书里。

商鞅

商鞅原名卫鞅，生活在战国时期，出身于卫国贵族。刚开始他在魏国做官，给魏王提了很多建议，却都没有被采纳，于是他去了秦国，受到了秦孝公的重用。后来，商鞅在秦国实行法家的制度，制定了很多新的法律，秦国成了当时最强大的国家，商鞅却被杀害了。他的代表作是《商君书》，现在能看到的只剩下了26篇，里面记录着商鞅在秦国进行变法的理论和具体的方法，秦国当时的法典《秦律》也是他制定的。

绘制思维导图第三部分

代表人物及典籍

学派关系

齐法家

齐国是姜太公的封国，他帮助周朝制定了很多制度和法律，创立了中国最早的法律制度。春秋时期，齐国又出现了管仲变法，到了战国时期，这里形成了"管仲学派"，被叫作齐法家。

三晋法家

春秋和战国时期的很多法家人物都出现在三晋大地，代表人物是魏国的相国李悝（kuī）。他们和齐法家不同，主张法律面前人人平等，不管身份和地位，全都要遵守法律，齐法家认为法律和道德要同时使用，法律也应该讲人情。

新法家

新法家出现在100多年前的清朝晚期，代表人物是章太炎、梁启超和沈本等人，他们认为中国的法家思想应该和西方的法律结合起来，在中国实行法治。

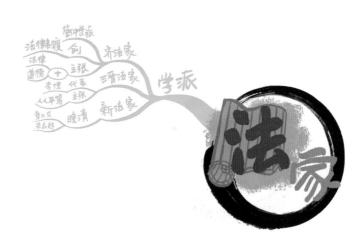

绘制思维导图第四部分

学派关系

徙木立信

商鞅在秦国变法的时候，怕百姓不相信自己，就在都城的北门外立了一根大木杆，告诉百姓："谁要是能把这根木头搬到南门，就给谁十金。"百姓们都不相信他，认为这是圈套。商鞅又把奖励提高到了五十金，终于有一个壮汉走出人群，把这根木杆搬到了南门。商鞅遵守承诺，果然给了他五十金。这件事之后，人们再也不怀疑商鞅了。

不翼而飞

管仲在齐国当宰相的时候，经常给齐桓公提出各种意见。有一次，齐桓公想要出去游玩，管仲告诉他，如果出游的话要像原来的先王一样。齐桓公不明白他的意思，管仲解释说："您的父亲在春天出游，目的是考察老百姓的难处，在秋天出游，是为了帮助百姓，从来没有荒废的行为。"齐桓公觉得他说的很有道理，连忙拜谢。管仲又告诉他："没有长翅膀却能

绘制思维导图第五部分

历史典故

够飞的是语言，您在说话做事的时候应该更加谨慎才对。"这就是成语"不翼而飞"的由来。

法家

完整思维导图

画出属于你的思维导图

　　每个人心中的思维导图都不一样，小朋友们，发挥你的想象力，画出你心中的思维导图吧！

儒家

 起源

儒家是中国历史上最重要的学派之一，从汉朝开始，影响了中国两千多年，主张用道德和礼仪来治理国家。

关于儒家的起源有很多说法，有人认为，儒家最早的时候是术士。在原始时期，人们不懂科学，认为风雨和雷电这些都是天上的神仙在管理，于是就有了术士，术士负责和神仙鬼怪沟通，这些术士都是很有学问的人。

还有人认为，儒家起源于最早的司仪，主要负责管理祭祀和平常的礼仪，古人对祭祀非常重视，所以他们的地位也很高。

绘制思维导图第一部分

起源

到了春秋时期，孔子把以前流传下来的书编到了一起，写成了"六经"：《诗经》《尚书》《礼经》《乐经》《易经》和《春秋》，自己又创办了学校，收了三千名弟子，把知识传授给他们。后来，这些弟子又把孔子说过的话和做过的事都写进了《论语》里，儒家就算是正式创立了，《论语》也成了儒家的教科书，学习儒家思想的人叫儒生。

发展

在春秋时代，儒家没有受到君王们的重视。孔子为了宣传自己的思想，驾着牛车，带着弟子在各个国家之间奔波；后来，孟子继承了孔子的学问，继续到各国游说君王，但还是没有人愿意听。

到了秦朝，秦始皇觉得儒家思想不仅没有用，还会对国家造成不好的影响，于是让人把儒家的很多书都烧了，还杀了很多儒生，就是历史上有名的"焚书坑儒"。自此，孔子编写的很多书就失传了。

绘制思维导图第二部分

发展

到了汉朝，汉武帝决定在全国推广儒家思想，他创办了专门学习儒家思想的大学，用孔子编写的书当课本。于是，从汉朝开始，一直到2000年后的清朝，皇帝们大都用儒家思想管理国家。到了唐朝，日本和韩国来中国学习，把儒家文化带回了自己的国家，让所有人都一起学习。

其实，儒家思想到了后来已经不是孔子当时所说的样子了。孔子的思想主要是要求人们讲道德，让君主对老百姓好，用仁义来治理国家，把礼仪和道德教给老百姓。到了后来，儒家思想慢慢变成了等级制度，把人分成不同的等级：皇帝最大，官员排在第二，老百姓排在最后；男人比女人的地位高等。这些制度是糟粕的部分，所以我们应该摒弃。但是，孔子说的人们应该讲道德、懂礼仪是对的，我们应该学习。到了现代，很多人开始重视和学习儒家思想，孔子也成了中国思想的代表人物，被联合国评选为"世界十大文化名人"第一名。现在，海外孔子学院已经有550所，孔子的影响力越来越大了。

代表人物及典籍

孔子

孔子生活在2500多年前的春秋时期，名孔丘，是儒家的创始人，被人们叫作"至圣"。他整理和编写了儒家的经典。

《诗经》里面记录着秦朝之前各个国家的诗歌；《尚书》里面记录着上古时期君王们管理国家的方法；《礼记》里面记载着周朝的礼仪；《易经》记录着六十四个卦；《乐经》里面记录着各种音乐，因为在那个时候，音乐非常重要，但也是分等级的；《春秋》是我国最早的一本历史书，记录着从2700多年前到2400多年前的历史，是孔子根据当时鲁国的记录整理的。

需要注意的是，这些书不是孔子写的，而是他删减了部分内容，又增加了一些自己写的内容整理的。后来，孔子的弟子又把他说过的话、做过的事写在了《论语》里，成了儒生的行动标准。

自己的观点。孟子认为百姓比君主还要重要，君主必须对百姓好才能管理好国家；他还认为，大义比生命重要，为了大义可以放弃生命。他和孔子一样，到各个国家去宣传自己的思想。后来，孟子回到了自己的家乡，收了很多弟子，还写了一本叫《孟子》的书。人们把他和孔子一起称作"孔孟"，儒家学说也叫"孔孟之道"，孟子是儒家的"亚圣"，意思是说他的地位仅次于孔子。

孟子

孟子生活在2300多年前的战国时代，名孟轲，他继承了孔子的思想，也提出了

绘制思维导图第三部分

代表人物及典籍

荀子

荀子也生活在战国时代，名荀况，继承了儒家思想并对其有所发展。在人性问题上，他认为人生下来就是恶的，其学说常被后人拿来跟孟子的"性善论"作比较。后来他把自己的思想都写在了《荀子》里，还对整理儒家典籍有显著的贡献。

学派关系

传统儒学

传统儒学主要继承孔子和孟子的思想，学习"四书五经"，主张用仁义和道德来管理国家。

程朱理学

程朱理学由约1000年前北宋时期程颢、程颐兄弟二人开始创立，到南宋时期朱熹为集大成者。程朱理学认为世界是由"理"产生的，所有人都必须按照"天理"

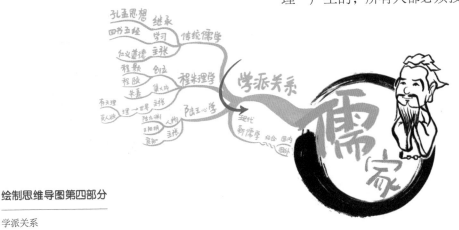

绘制思维导图第四部分

学派关系

的要求做事，减少自己的欲望，皇帝也不能例外。

陆王心学

陆王心学是由儒家学者陆九渊、王阳明发展出来的心学学说，认为每个人生下来都有良知，都应该按照自己的良知去做事情。

现代新儒学

现代学习儒家思想的人，把国外的学说和传统的儒学结合在一起，形成了新学派。

历史典故

破壁出书

秦始皇"焚书坑儒"以后，很多孔子编写的书都失传了。到了汉朝，鲁恭王为了给自己修建宫殿，要拆除原来住的房子。在拆除墙壁的时候，突然听到天上有音乐传来，非常好听。拆房的人吓了一跳，往墙洞里一看，发现里面有很多书。他们把书拿出来送给鲁恭王，原来是孔子编写的《尚书》《礼》《论语》《孝经》等书，

绘制思维导图第五部分

历史典故

一共有几十篇。鲁恭王马上把这些书送给了皇帝。这些书后来又在战乱中丢失了。

韦编三绝

孔子在五十岁的时候才开始学习《易经》，一看就被迷住了，为了看这本书，他经常忘了吃饭和睡觉。当时没有纸，书都是写在竹子上，再用牛皮绳把竹子串在一起，孔子翻的次数太多，把绑竹子的牛皮绳都磨断了三次。他对弟子说，要是能早一点开始学习《易经》就好了。这就是"韦编三绝"的故事，现在用来形容读书比较勤奋和刻苦。

儒家
——
完整思维导图

画出属于你的思维导图

　　每个人心中的思维导图都不一样，小朋友们，发挥你的想象力，画出你心中的思维导图吧！

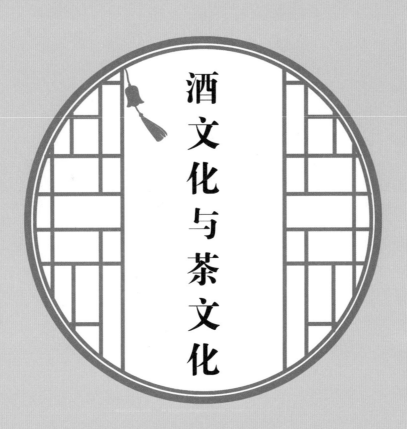

酒文化与茶文化

酒文化

历史渊源

　　酒的起源有三种说法，第一种是杜康酿酒。相传杜康是生活在黄帝时代的人，负责管理粮食。当时农业发展得很好，粮食丰收，人们把吃不完的粮食储藏在山洞里。可是，山洞阴暗潮湿，放不了多久粮食就腐烂了，这件事让杜康非常头疼。有一天，杜康到山上散步，看到一棵空心大树，里面非常干燥，他灵机一动，运了很多粮食放进树洞，想试试树洞里能不能储存粮食。过了一段时间，杜康来这里查看粮食的情况，发现大树旁边躺着很多动物，隔着老远就能闻到一股清香。他赶紧到树前查看，发现树干裂开了，有液体从树洞的裂缝里流出，这些动物就是因为喝了这种液体之后晕倒了。杜康用手捧起树洞里的液体一尝，甘甜无比，顿时感觉神清气爽。于是，他就把这些液体带回部落分给族人，大家都觉得好喝，酿酒的方法也慢慢传播开来，人们都叫杜康"酒神"。

　　第二种说法是仪狄酿酒。仪狄生活在大约4200年前的夏禹时期，帝女让他发明了酒醪（jiǔ láo），这是一种用米做成的混合着固体渣子的酒。仪狄把这种酒献给了大禹，大禹觉得非常好喝，但是有些头晕，他怕自己沉迷，就慢慢疏远了仪狄。

第三种说法是古猿酿酒。原始人靠打猎和采集野果为生，有时候采摘的野果比较多，吃不了，就把这些果子藏在山洞里，时间一长，这些野果就变成了酒。

绘制思维导图第一部分

历史渊源

最早的酒，应该是用水果和动物的乳汁酿成的，因为当时的人们还不会种植粮食，果酒酿造的技术也比较简单。

到了仰韶文明时期，人们开始种植粮食，用粮食酿造的酒也出现了。新石器时代，酒已经成了非常流行的饮料，考古学家发现了很多当时的酒杯，这些酒杯各式各样，可见那个时候的人们就非常喜欢喝酒了。到商朝，人们开始用酒曲来酿酒，酒曲就是发霉的谷物做成的，主要原料是小麦和稻米，里面有很多微生物，可以让粮食更快地发酵。南北朝时期，制作酒曲的技术已经非常发达了。当时酿出来的酒很混浊，里面有很多渣子，酒精的浓度也很低，大部分都不超过20度，叫作黄酒，所以古人们才敢大碗喝酒。

到了宋朝，出现了更加先进的蒸馏酒技术。先把酿好的黄酒装进一个很大的容器，这个容器叫作天锅，上面有一个大盖子，盖子下面是一个漏斗，漏斗用一根管子连到天锅外面。蒸馏的时候，只要在天锅下面用火加热，里面的酒就会开始蒸发，变成气体，当水蒸气碰到上面的盖子时，就会变成水珠，水珠滴在漏斗上，再通过管道流到天锅外面，就可以得到"蒸馏酒"了，也叫烧酒。烧酒没有渣子，酒精浓度也很高，可以达到70度，我们现在喝的大部分酒就是烧酒。

酒按照原材料的不同，可以分为很多类型。古代比较常见的是白酒和黄酒，还有用葡萄酿造的葡萄酒。中国早在两千多年前的汉朝就有葡萄酒了，是一个叫张骞的人从西域带回来的。除了这些，还有药酒，把各种各样有保健功能的动物和植物泡在酒里，这样不仅能够喝酒，还能起到强身健体的作用。至于现在最流行的啤酒，一直到100多年前才传入中国。

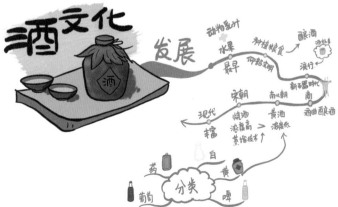

绘制思维导图第二部分

发展

饮酒礼仪

中国是礼仪之邦，所以喝酒的时候也有很多礼仪。

在古代的酒宴上，主人和客人在喝酒的时候一般要分四步进行：第一步是互相跪拜，古人坐的时候是膝盖着地，跪在地上的，在端起酒杯的时候要先互相拜一下；第二步要把酒洒一点在地上，叫"祭地"，因为粮食是从土地长出来的，所以要感谢大地的养育；第三步，客人要先小口尝一下酒，尝完之后要夸一下主人，谢谢主人的招待；第四步，用右手拿酒杯，左手的袖子遮住杯子一饮而尽。

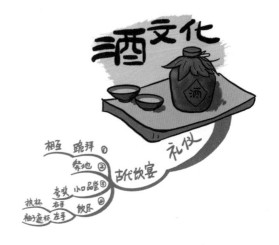

绘制思维导图第三部分

饮酒礼仪

 行酒令

酒令是喝酒的时候玩的一种游戏，非常有趣，早在3000多年前的周朝就有了。在喝酒之前，选出一个裁判，叫"令官"，令官来规定酒令游戏的方法，输的人要喝酒。

酒令的种类有很多种，在春秋的时候流行一种投壶的游戏：在酒桌旁边放一个铜壶，人们把手里的箭扔进铜壶里，扔进去的越多得分越高，最后，得分最低的人就要喝酒。

还有一种游戏叫"击鼓传花"：人们围着桌子坐成一圈，令官负责打鼓，鼓声响起来的时候，人们要把手上的花传给下一个人，等到鼓声停止的时候，花在谁的手上，谁就要喝酒。

文人们最喜欢的酒令游戏就是对诗了，谁对不出来就要喝酒。

酒令中最有趣的要数"曲水流觞"了，人们都坐在一条小溪的两边，把酒杯放在一个木盘上，再把木盘放在小溪里，让它顺着溪水往下流，盘子碰到水里的石头或者岸边就会停下来，停到谁那里，谁就要把酒喝掉。

与酒相关的诗词

客中①行

（唐）李白

兰陵②美酒郁金香③，玉碗④盛来琥珀⑤光。
但使⑥主人能醉客⑦，不知何处是他乡⑧。

绘制思维导图第四部分

行酒令

【注释】①客中：旅居他乡。②兰陵：今天的山东兰陵县。③郁金香：一种花的名字，郁金是一种香料，放在酒中可以增加香气，酒也会变成金黄色。④玉碗：用玉做成的碗，泛指精美的器具。⑤琥珀：一种树脂的化石，色泽晶莹，十分漂亮。⑥但使：只要。⑦醉客：让客人喝醉。⑧他乡：异乡。

【诗意解读】这首诗是李白在山东游玩的时候写的。由于"落叶归根"的思想，古人对家乡非常重视，乡愁诗也成为诗歌中一个常见的主题。可是，李白这首诗却一反乡愁诗中愁苦的主题，表示只要有酒喝，管它哪里是家乡呢？充分表现了诗人的豁达和潇洒。

绘制思维导图第五部分

与酒相关的诗词

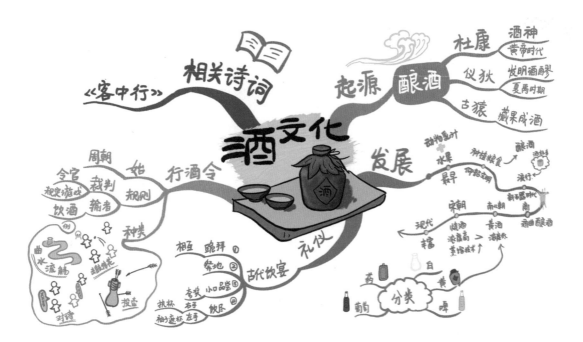

酒文化

完整思维导图

画出属于你的思维导图

　　每个人心中的思维导图都不一样，小朋友们，发挥你的想象力，画出你心中的思维导图吧！

茶文化

历史渊源

　　关于喝茶的起源，唐代陆羽《茶经》里记载"茶之为饮，发乎神农氏"。相传上古时代，神农氏在野外烧水，有几片叶子飘进了锅里，煮好的水微微发黄，神农氏尝了一口，发现这种水非常止渴，还可以提神醒脑，于是，采叶而归，定名为"茶"。

　　最早种植茶树的地方，有很多不同的说法，有人认为是西南地区，有人认为是四川，还有人认为是云南、川东和江浙地区，国外还有的人认为茶树起源于印度，不过，后

绘制思维导图第一部分

历史渊源

来在云南发现了很多生长了1000多年的大茶树，这是茶起源于中国的一个证明。

人们最早的喝茶习惯，同样有很多不同的说法。第一种是祭品说，这种说法认为茶叶最早是当成祭品使用的，后来有人尝了一下，发现茶叶可以喝，就慢慢变成了饮料。第二种是药物说，这种说法认为茶叶最早是当成药材使用的，神农尝百草的时候中了72种毒，就是靠茶叶解掉的。第三种是口嚼说，这种说法认为茶叶最早是用来吃的。第四种是交际说，这种说法认为茶一开始被当成非常珍贵的植物，用来送给客人。

发展

从2000多年前的汉朝开始，很多地方都已经把喝茶当成一种习惯了；到两晋时期，喝茶的风气慢慢流行起来；到南北朝时期，人们为了方便储存，学会了制作茶饼，而且已经有专门用来喝茶的茶具；到了唐朝，喝茶成了上流社会人们的习惯，茶叶也成了与外国的贸易中最重要的商品。后来，"茶圣"陆羽写了一本《茶经》，里面记录了茶树的栽培技术、茶叶的保存技术和不同喝法。

绘制思维导图第二部分

发展

在古代，不仅中国人喜欢喝茶，世界上还有很多国家的人也很喜欢，茶叶跟着商队被送到了世界各地，如今，世界上有一百多个国家都有喝茶的习惯。

饮茶礼仪

中国是"礼仪之邦"，喝茶也要讲"茶礼"，每个地方的风土人情不同，喝茶时的礼仪也不一样。在喝红茶、黑茶、青茶之前要先把茶叶洗一遍，绿茶、花茶、白茶、黄茶不需要洗。

鞠躬礼：在给客人倒茶的时候，应该又轻又快，不能把茶杯倒满，而应该倒八分满；喝茶之前，主客应该互相鞠躬。

伸掌礼：茶叶冲好之后，要伸出手掌对客人说"请用茶"，客人这时候要回礼，表达自己的谢意。

叩指礼：如果有人给自己倒茶，应该把右手的食指弯曲起来，在桌子上面叩两下，表达谢意。

端茶送客：清朝时一种约定俗成的礼仪，如果主人端起茶杯，就表示想让客人

绘制思维导图第三部分

饮茶礼仪

离开，这个时候，客人也应该端起茶杯，用嘴唇轻轻碰一下杯子，起身离开。

品茶的时候，如果使用的是带有盖子的茶杯，应该用右手拿着杯柄，左手拿起杯盖，可以用杯盖拨去上面的浮沫再喝；如果茶杯没有盖子，要用大拇指、食指和中指夹住杯子，无名指和小指托住杯子的底部防止掉落。

茶道是一种喝茶的艺术，古人通过复杂的工序把喝茶变成了一种礼节和仪式，可以修养身心，陶冶情操。

茶道的流程可以分为十三个步骤：

第一，喝茶之前要洗手，还要欣赏用来泡茶的茶具，比较好的有景德镇的瓷器和紫砂壶；

第二，用开水把所有的茶具烫一遍，这样可以杀菌；

第三，把茶叶放进茶杯里面；

第四，把开水倒进茶壶里，再快速倒出，这样可以把茶叶表面的尘土洗掉；

第五，把沸水倒进茶壶里，倒水时应该分成三次来倒，叫作"凤凰三点头"；

第六，用茶杯盖子把浮沫拨开，叫作"春风拂面"；

第七，用盖子把茶杯盖好，等待茶叶泡好；

第八，用夹子把不同种类的杯子分好；

第九，把泡好的茶叶倒进"公道壶"里面，方便客人品尝；

第十，把"公道壶"里的茶水给客人们分下去，不能倒得太满，防止客人烫伤手；

第十一，双手捧着茶杯放在客人面前；

第十二，把茶水倒进品茶的杯子里，客人要拿起"闻香杯"闻茶叶的香味；

第十三，客人端起面前的茶水，分三次喝下。

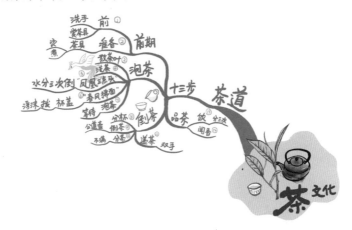

绘制思维导图第四部分

茶道

与茶相关的诗词

中国有上千年喝茶的传统，也留下了很多和茶有关的诗词，有13000多首。

山泉煎茶有怀①

（唐）白居易

坐酌②泠泠③水，看煎瑟瑟④尘⑤。

无由⑥持一碗，寄与爱茶人。

【注释】①有怀：怀念亲人和朋友。②酌（zhuó）：倒酒，这里是倒水的意思。
③泠泠（líng）：清凉。④瑟瑟：碧绿色。⑤尘：茶叶磨成的粉。⑥无由：没有理由。

【诗意解读】这首诗中的"爱茶人"是白居易的舅子杨慕巢，他在另一首诗中曾经写过"不见杨慕巢，谁人知此味"。白居易和杨慕巢是非常要好的知己，这首诗表达了他对朋友的怀念之情。

夏昼偶作

（唐）柳宗元

南州①溽暑②醉如酒，隐几③熟眠开北牖④。

日午⑤独觉⑥无余声⑦，山童隔竹敲茶臼⑧。

【注释】①南州：今天的湖南省永州市。②溽（rù）暑：又湿又热的盛夏。③隐几：靠着小桌子。④牖（yǒu）：窗户。⑤日午：中午。⑥觉：睡醒。⑦余声：其他的声音。⑧茶臼：捣茶用的石臼，唐代的茶叶要捣碎喝。

【诗意解读】这首诗是诗人在永州做官时写的，用词生动形象，比喻巧妙，用"喝醉酒"来比喻夏天困倦的状态，让人有身临其境的感觉。万籁俱寂，只有山童捣茶的声音在耳边回荡，用单调的声音来反衬夏日中午的安静，更显幽静。

绘制思维导图第五部分

与茶相关的诗词

茶文化

完整思维导图

画出属于你的思维导图

每个人心中的思维导图都不一样，小朋友们，发挥你的想象力，画出你心中的思维导图吧！

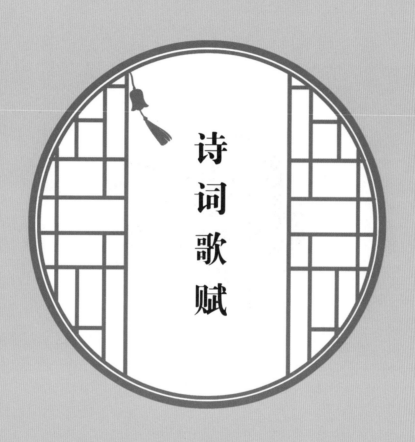

诗词歌赋

诗经

　　《诗经》是中国历史上第一部诗歌总集，又叫《诗》《诗三百》《毛诗》《三百篇》，收集了从西周到春秋时代中期的诗歌，一共311首，其中《南陔》《白华》《华黍》《由庚》《崇丘》《由仪》6篇，只有标题，没有内容，叫作"笙诗"。《诗经》中的很多诗歌都来自民间，大部分都已经不知道作者是谁了。

　　《诗经》一共分三个部分：《风》《雅》《颂》。

　　《风》里面收录了15个国家的民歌，一共160篇，主要记录普通人的生活，有的是关于耕作的，有的是关于爱情的，还有的是关于战争的。它是《诗经》里面最重要的部分，通过研究《风》可以了解当时人们的生活。

　　《雅》一共105篇，分为《大雅》和《小雅》，主要是周朝国都附近的歌曲。《大雅》一共31篇，里面记录着歌颂周朝君主的歌曲，也有反对暴君的，作者大部分都是贵族；《小雅》一共74篇，一部分是贵族写的，还有一部分是民间的诗歌。

　　《颂》有40篇，是祭祀祖先的时候使用的歌曲，主要歌颂祖先的功德，还有一部分是跳舞的时候使用的音乐。

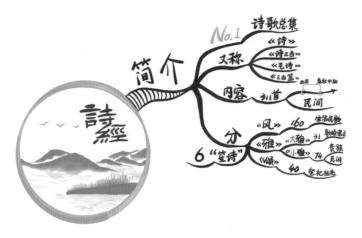

绘制思维导图第一部分

简介

　　古人对祭祀非常重视，认为通过祭祀可以跟祖先和神灵沟通，祈祷风调雨顺。在祭祀的时候最重要的就是音乐和歌曲。除祭祀以外，音乐还是宴会上不能缺少的。

　　音乐可以区分人的身份和等级，不同等级的人只能演奏规定的乐器，所以，国家非常重视收集诗歌。周朝的时候，君主专门设置了收集诗歌的官员，叫"采诗官"。每年春天，采诗官们就摇着一种叫作"木铎"的乐器去民间收集歌谣，这些歌谣可以反映出百姓们的真实生活和想法，等采诗官回到国都以后，就把这些歌谣交给负责演奏的"太师"，让他们唱给君主听，这样君主就能够了解自己国家的百姓了。

　　后来，尹吉甫接受周宣王的命令，把这些诗歌全都编在一起，就有了最早的《诗经》，当时一共有3000多首，尹吉甫也被人们称为"诗祖"。到了春秋时期，尹吉甫编

绘制思维导图第二部分

起源

的《诗经》中有很多在战火中遗失，孔子又删掉了其中的一部分，只留下里面的311篇，于是，就有了我们现在看到的《诗经》。

发展

春秋时期还没有纸，人们要用小刀把字刻在竹子上，再把竹子串在一起做成简牍。所以当时的书籍非常珍贵，都藏在王官和贵族们的家里，普通的老百姓根本没有机会学习，怎么教育百姓就成了一个大问题。孔子认为通过学习诗歌可以教化百姓，所以他把这些诗歌都编在一起，成了《诗经》，而且孔子认为，《诗经》应该排在"六经"中的第一位。

到了汉朝，儒家文化受到了皇帝的重视，《诗经》作为六经之首受到了人们的重视，很多人开始专门学习和解读《诗经》，学好之后再收弟子，把知识传授给他们。

魏晋南北朝时期，对《诗经》的研究分裂成了南学和北学，北学继承了汉朝的毛诗，南学更偏向玄学，十分混乱。到了唐代，孔颖达通过《毛诗正义》完成了对南北学派的统一。宋朝的朱熹通过《诗集传》反对汉朝的《毛诗序》，把《诗经》和自己的理学结合起来，认为学习《诗经》应该明白诗里面的善恶美丑，时刻警诫自己。他还认为，《诗经》里面也有"天理"，自己提倡的"三纲五常"是正确的。从宋朝以后，一直都用朱熹的说法作为标准。但到了清朝，很多人开始反对朱熹的说法，认为应该按照汉朝标准来学习《诗经》。

现在历史学家通过研究《诗经》可以了解从西周到春秋的历史发展与现实状况以及风土人情，《诗经》也传到了很多国家，影响非常深远。

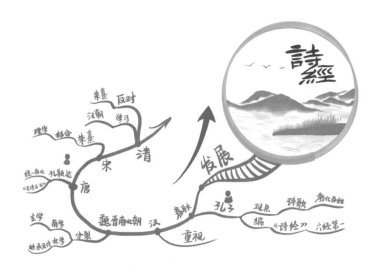

绘制思维导图第三部分

发展

毛诗

毛诗的创始人是汉朝时的鲁人毛亨和赵人毛苌。当时有四家研究《诗经》的学派最有名：齐人辕固、鲁人申培、燕人韩婴、赵人毛苌，他们对《诗经》的解读被称为齐诗、鲁诗、韩诗、毛诗。前面三个人都被朝廷授予博士，齐诗、鲁诗、韩诗也成了官学，毛诗没有成为官学，但是在民间流传最广，后来前三个学派都慢慢消失了，最后只剩下了毛诗。

毛诗的代表作是《毛诗诂训传》，主要给《诗经》中的300多篇诗歌写序言。到了东汉，郑玄写了一本《毛诗传笺》，继承了毛诗。到了唐代，孔颖达继承了毛诗学派，写了《毛诗正义》。

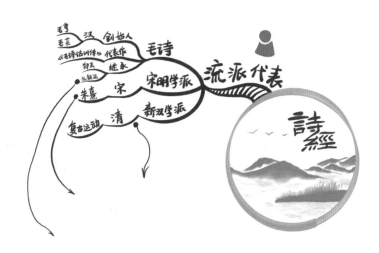

绘制思维导图第四部分

流派及代表人物

宋明学派

宋明学派的代表人物是朱熹，他生活在800多年前的宋朝，担任过很多官职，是儒家理学派的创始人，一生写了很多著作。朱熹研究诗经的代表作是《诗集传》。

新汉学派

新汉学派是清朝时提倡复古运动的学派，反对朱熹的宋明学派，主张学习汉朝的毛诗派。后来，新汉学派又分成了古文学派和今文学派。新汉学派的代表人物是姚际恒、崔述和方玉润等人。

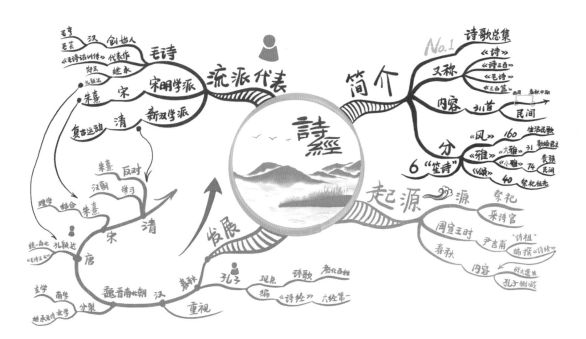

流派代表
- 毛诗
  - 毛亨 毛苌 — 汉 — 创始人
  - 《毛诗诂训传》— 代表作
  - 郑玄 孔颖达 — 继承
- 宋明学派
  - 朱熹 — 宋
- 新汉学派
  - 复古运动 — 清

简介
- No.1 诗歌总集
- 又称
  - 《诗》
  - 《诗三百》
  - 《毛诗》
  - 《三百篇》
- 内容 — 311首 — 民间 — 西周 春秋中期
- 分
  - 6 "笙诗"
  - 《风》160 生活民歌
  - 《雅》《大雅》31 歌颂君主
    - 《小雅》74 贵族 民间
  - 《颂》40 祭祀祖先

起源
- 源
  - 祭祀
  - 采诗官
  - 周宣王时 尹吉甫 "诗祖" 编撰《诗经》
  - 春秋
- 内容 — 战火遗失 — 孔子删减

发展
- 清
  - 理学 — 综合 — 朱熹
  - 朱熹 — 反对
  - 汉朝 — 学习
- 宋
- 唐
  - 孔颖达 — 统一南北 —《毛诗正》
- 魏晋南北朝 — 分裂
  - 玄学 南学 — 继承汉代玄学
- 汉 — 重视
- 春秋 — 孔子
  - 观点
    - 诗歌 — 教化百姓
    - 编《诗经》— 六经第一

诗经
———
完整思维导图

画出属于你的思维导图

每个人心中的思维导图都不一样，小朋友们，发挥你的想象力，画出你心中的思维导图吧！

唐诗

简介

　　唐诗是唐朝诗人们创作的诗歌，有大约五万多首诗歌流传至今。唐诗的形式有很多种，分为古体诗和近体诗。

　　古体诗又叫古诗或者古风，指的是在唐代以前就开始流行的一种诗歌形式，诗的字数没有限制，也不要求押韵，写起来比较自由。古体诗可以分为五言诗和七言诗，长短不一样的诗也是七言诗。

　　近体诗的要求很严格，分为律诗和绝句，对字数和韵律都有严格的限制。律诗是八句，一句里面有五个字的叫五言律诗，有七个字的叫七言律

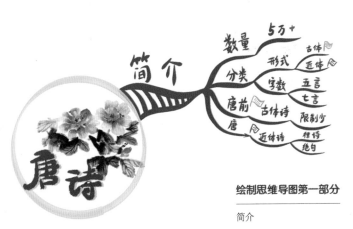

绘制思维导图第一部分

简介

诗；绝句一共四句，和律诗一样，也分为五言绝句和七言绝句。近体诗必须按照韵脚来写，读起来才能朗朗上口，有韵律感。

起源

诗也被人们叫作"诗歌"，因为最早的诗是用来配音乐演唱的，可以追溯到3000多年前的西周，当时不管祭祀还是宴会，都要有音乐和诗歌。后来尹吉甫把这些诗歌全都编在一起，成了《诗经》，里面大部分都是四言诗。

到了春秋战国时期，出现了屈原等诗人，把诗歌的句式变长，出现了五言诗和七言诗，代表作有《离骚》和《国殇》等。所以，《诗经》和《楚辞》是中国诗歌的源泉。

到了汉朝，国家设立了专门搜集民间诗歌的乐府，这些诗被叫作"乐府诗"，大部分都是五言诗，以叙事为主。

魏晋时期，诗歌主要分为两种，一种

绘制思维导图第二部分

起源

是使用汉朝乐府诗的题目写的"古题乐府"，另一种是骚体诗，篇幅都比较长。

到了约1600年前的南北朝时期，鲍照按照乐府诗的特点，创作了"歌行体"，这也是后来唐诗的一个主要类型。

发展

唐朝初期继承了南朝诗歌的特点，靠华丽的词语堆砌，没有一点生气和意义，一直到"初唐四杰"王勃、杨炯、卢照邻、骆宾王出现之后，才改变了这种风气。他们丰富了诗歌的题材和写作方法，主张用诗歌来抒发自己的感想和心情。"初唐四杰"是唐朝诗歌繁荣的开始，为唐诗打下了基础，也确定了基本的风格。

唐玄宗开创了"开元盛世"，唐朝的经济繁荣，社会稳定，政治清明，文人们

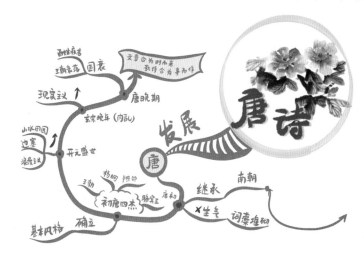

绘制思维导图第三部分

发展

有更多的时间游山玩水，开始向往自然和田园生活，出现了很多山水田园派的诗人，如王维、孟浩然等。那个时期的唐朝也进行了很多对外战争，很多文人都拿起武器参加了战争，所以出现了很多边塞诗，主要描写边塞的风景和战争的残酷，浪漫主义诗歌的代表人物李白也出现在这个时期。唐玄宗晚年，唐朝发生了内乱，节度使安禄山和史思明带领军队造反，整整打了八年的战争，战火烧遍了半个唐朝，老百姓们苦不堪言，应运而生的是很多现实主义诗人，主要写百姓们艰苦的生活，代表人物是杜甫。这个时候的唐诗，风格多样，题材丰富，百花齐放，有歌颂唐朝盛世富足的，也有写山水田园的，还有反映百姓生活的，是唐诗创作最辉煌的时期。

到了唐朝晚期，国家已经不像原来那么繁荣了，这个阶段的诗歌多数都是描写百姓的疾苦和王朝的衰落，代表人物有白居易、韩愈、李贺、杜牧、李商隐等。白居易提出了"文章合为时而著，歌诗合为事而作"，意思是不管写诗还是写文章要为现实社会服务，不能空洞，他的《长恨歌》写的就是唐明皇和杨玉环的故事。

山水田园派

山水田园派的诗人继承了东晋时期陶渊明的田园派诗歌和谢灵运的山水派诗歌，主要描写自然景物和田园生活，歌颂隐士的生活，把自己的感情融入自然景物里，抒发感情。

山水田园派的代表人物有王维、孟浩然、韦应物、柳宗元，等等，其中王维的成就最大，他的诗被人们称赞为"诗中有画，画中有诗"，与孟浩然合称"王孟"，还有"诗佛"的称号。王维的代表作是《山居秋暝》。

山居秋暝

空山新雨后，天气晚来秋。

明月松间照，清泉石上流。

竹喧归浣女，莲动下渔舟。

随意春芳歇，王孙自可留。

边塞派

边塞诗主要写战争场景和边境的风光，表现战争的残酷和军队生活的艰难，代表人物有岑参、高适、王昌龄、李益、王之涣、李颀等，成就最高的是高适和岑参，被人们称为"高岑"，还有人把高适、岑参、王昌龄、王之涣合称"边塞四诗人"。

边塞诗有很多优秀的作品，流传最广的是王昌龄写的《出塞》。

出塞

秦时明月汉时关，万里长征人未还。
但使龙城飞将在，不教胡马度阴山。

浪漫派

浪漫派主要写对自由的追求，代表人物是被人们称为"诗仙"的李白。他写的诗想象力丰富，气势雄浑，比喻夸张，风格豪迈。

李白为人爽朗大方，喜欢游山玩水，喝酒写诗，也喜欢交朋友，代表作有《望庐山瀑布》《行路难》《蜀道难》《将进酒》

《静夜思》《早发白帝城》等，每一首都流传很广，一直到现在人们都耳熟能详。

早发白帝城

朝辞白帝彩云间，千里江陵一日还。
两岸猿声啼不住，轻舟已过万重山。

现实派

现实派的代表人物是杜甫、白居易等人，主要写百姓的苦难和战争给人民带来的伤害，还有统治者对人民的压迫。代表作有《兵车行》《三别》等，流传最广的是杜甫的《春望》。

春望

国破山河在，城春草木深。
感时花溅泪，恨别鸟惊心。

绘制思维导图第四部分

流派及代表人物

烽火连三月，家书抵万金。

白头搔更短，浑欲不胜簪。

唐诗
——
完整思维导图

画出属于你的思维导图

　　每个人心中的思维导图都不一样，小朋友们，发挥你的想象力，画出你心中的思维导图吧！

宋词

简介

　　宋词是由宋朝文人创作的一种文学体裁，与唐诗一起被称为"双绝"，因为它可以配乐演唱，所以又称曲子词、乐府、乐章、长短句、诗余、琴趣等。流传到现在的宋词将近两万首，这些词都被唐圭璋收录在《全宋词》里。

　　宋词是一种可以配乐演唱的文学，每首词都有词牌名，相当于现代歌曲的曲子，用来规定写词时的格式和韵律。词牌名一共有1000多种，每一种都有固定的字数和韵律，所以，写词也叫填词，就是把文字填到固定的格式里去。

　　宋词有三种分类方法：

　　第一种是按照长短分类。少于58个字的叫小令，59个字到90字的叫中调，91个字及以上的叫长调，最长的《莺啼序》有240个字。只有一段的词叫单调，两段的叫双调，三段的叫三叠，四段的叫作四叠。

　　第二种是按照音乐的性质，可以分成令、引、慢、三台、序子、法曲、大曲、缠令、诸宫调九种。

　　第三种是按词牌名的来源分为三种。来自民间的人名和地名，比如虞美人就是项羽妻子虞姬的名字，酒泉子是甘肃酒泉，女官子就是民间对女道士的称呼；来自原来的乐曲，比如菩萨蛮就是原来唐朝教坊的曲子；文人创作的词牌名，比如望海潮是柳永创作，大江东去来自苏轼的"大江东去浪淘尽，千古风流人物"。

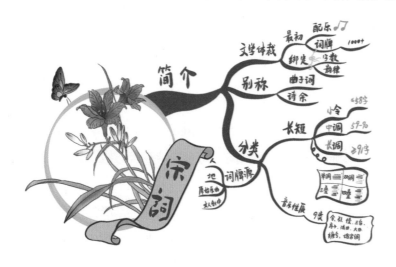

绘制思维导图第一部分

简介

　　中国古代的诗歌都和音乐有很大的关系，大部分的诗本来都是唱出来的。不过，到了后来，这些诗慢慢地就不再演唱了，变成了文人们写作的一种体裁。一直到唐朝，西域少数民族的音乐传到了中原，这些音乐和汉族原来的音乐结合在一起，形成了"燕乐"，也就是在宴会上使用的音乐。这些音乐和歌词大部分是从民间来的，通俗易懂，受到了人们的喜爱，也产生了很多词牌名，比如唐朝《羯鼓录》里面就记录了131个曲子，后来都成了词牌。

很多文人觉得民间流传的词不高雅，也开始写词。唐朝的时候就出现了很多写词的文人，比如李白就写过《忆秦娥·箫声咽》，白居易写过《忆江南》三首，温庭筠还开创了"花间派"。

到了五代十国时期，当时的南唐出现了很多写词的文人，他们的作品和温庭筠的一样，用华丽的词语来写妇女的服装和体态，还有男女之情，这些作品被后蜀的赵崇祚选择了五百篇编到了《花间集》里。

同时期出现的南唐后主李煜开创了另外一种风格的词。他本来是南唐的皇帝，国家灭亡后，李煜被软禁在宋朝的都城汴梁，经常思念自己的故乡，所以作词来排解内心的苦闷。他的词题材广泛，含义深刻，在当时别树一帜，也对宋词产生了很深的影响。

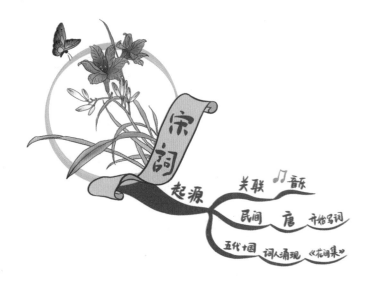

绘制思维导图第二部分

起源

发展

宋朝初期的词主要以小令为主，继承了五代时期词的特点，主要描写男女之间的爱情、市井生活、离愁别绪和风花雪月等，是文人们为了追求享受和娱乐创作的。当时的文人们都喜欢在各种娱乐场所流连，把自己写的词给歌女们唱出来获取名声，歌女也喜欢唱知名度比较高的文人创作的词。

到了宋朝中期，苏轼提出词应该像诗一样，用来表达自己内心的感情，而不是让歌女来唱。他把词的题材范围扩大。有的描写打猎时的场景，比如《江城子·密州出猎》；有的写历史，比如《念奴娇·赤壁怀古》；还有的写自己的感情，比如《定风波·莫听穿林打叶声》。到了苏轼这里，词变得高雅起来。

到了北宋后期和南宋，由于宋朝被金侵略，失去了很多土地，出现了很多写战争和表达爱国感情的词人，比如辛弃疾和陆游等人，他们的词主要表现对侵略者的痛恨和对人民苦痛的同情。

绘制思维导图第三部分

发展

流派及代表人物

婉约派

婉约派主要是写儿女情长，语言比较柔美，词的题材比较少，代表人物有柳永、晏殊、晏几道、周邦彦、李清照等，属于词作者的主流，继承了五代时期词的特点。

婉约派最著名的代表人物之一是柳永，他生活在北宋，原名柳三变，出生在官宦世家，从很小的时候就开始学习诗词。十八岁时离开家乡，开始在杭州和苏州到处旅游，沉迷娱乐场所，只顾着填词，荒废了学业。其实，柳永第二次科举就考中了，他第一次科举后写了一首《鹤冲天》表达自己的不满，里面说自己不要名利，只喜欢娱乐场所，到了第二次考试，皇帝看见考中的人有他，就把他的名字画掉了，从此之后，柳永就说自己是"奉旨填词"。

蝶恋花

伫倚危楼风细细，

望极春愁，黯黯生天际。

草色烟光残照里，无言谁会凭阑意。

拟把疏狂图一醉，

对酒当歌，强乐还无味。

衣带渐宽终不悔，为伊消得人憔悴。

豪放派

豪放派的词跟婉约派完全相反，气势恢宏，题材丰富，代表人物有苏轼、辛弃疾、陆游等。

苏轼是豪放派的开创者，他生活在距离现在900多年的北宋，人们都叫他苏东坡和苏仙，是北宋中期的文坛领袖。他在二十一岁时跟着父亲到京城参加科举考试，当时的主考官欧阳修对他的才华非常赞赏，说他以后肯定能独步天下。后来，苏轼因为反对王安石变法被人陷害，被皇帝流放到了很偏远的地方，过着艰苦的生活。不过，苏轼却没有怨天尤人，而是保持乐观开朗的心态，到各地游玩，品尝美食，结交朋友。

念奴娇·赤壁怀古

大江东去，浪淘尽、千古风流人物。故垒西边，人道是、三国周郎赤壁。乱石穿空，惊涛拍岸，卷起千堆雪。江山如画，一时多少豪杰。

遥想公瑾当年，小乔初嫁了，雄姿英发。羽扇纶巾，谈笑间、樯橹灰飞烟灭。故国神游，多情应笑我，早生华发。人生如梦，一尊还酹江月。

绘制思维导图第四部分

流派及代表人物

儿女情长
语言柔美 特点
柳永
晏殊 代表
宴道
周邦彦
李清照

婉约派

流派代表

气势恢宏 特点
题材丰富
代表 苏轼
辛弃疾
陆游

豪放派

战争
爱国 题材
同情百姓 侵略 宋末

发展

录轶
高雅如许 寓意内心
打猎
历史 题材
抒情
…… 宋中

宋初

小令为主 追求 享受
娱乐

宋词

简介

文学体裁 最初 配乐 ♪
词牌
绑定 字数 1000+
为律
别称 曲子词
诗余

分类 长短 小令 ≤58字
中调 59-90
长调 ≥91字

词牌源 单调 双调
语 叠

地
唐代乐曲
文人创作

音乐体裁 9类
令, 引, 慢, 三台,
序子, 法曲, 大曲,
缠达, 诸宫调

起源 关联 ♪ 音乐

民间 唐 开始写词

五代十国 词人涌现 《花间集》

宋词
———
完整思维导图

画出属于你的思维导图

每个人心中的思维导图都不一样，小朋友们，发挥你的想象力，画出你心中的思维导图吧！

元曲

简介

元曲是元朝流行的一种文学体裁，包括杂剧和散曲。杂剧在元代是一种舞台剧，一部杂剧叫作一本，一本分成四折，每一折由曲和念白组成，在当时北方的都城和南方的临安非常流行。元曲和唐诗宋词一样，也有格律要求，但是没有那么死板，可以在固定的格式里面增加字数，有的还可以增加句子，有的时候，一样的词牌里面会出现字数不一样的情况。不过，元朝的杂剧比散曲的成就和影响大得多，所以我们现在说元曲一般指的是杂剧。

元曲有固定的体制，写作时要满足六个方面。

第一是宫调：来源于唐朝的"燕乐"，一共有五宫四调，包括正宫、中吕宫、南吕宫、仙吕宫、黄钟宫、大石调、双调、商调、越调，每一种宫调都有固定的风格，用来表达一种情绪，有的比较欢快，有的比较低沉，有的比较伤感，到了后来，宫调发展成了十七个，叫"六宫十一调"；第二是曲牌：和宋词的词牌一样，元曲也有自己的曲牌，元朝的曲牌一共有335个，这些曲牌大部分是民间的；第三是曲韵：元曲在写作的时候也要押韵；第四是平仄：元曲的平仄要求比宋词还要严格，特别重视最后一句的平仄；

第五是对仗：元曲的对仗要求比较自由，一共有十三种对仗方法；第六是衬字：衬字就是在曲牌要求的字数上增加字的数量。

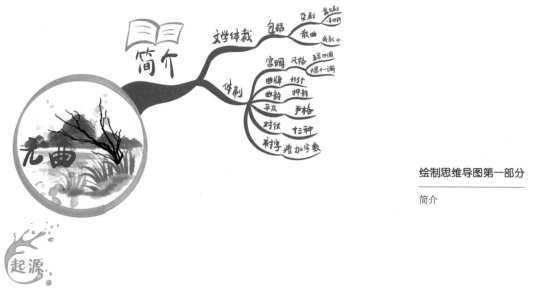

绘制思维导图第一部分

简介

一部完整的杂剧由唱词和念白组成。元朝比较流行的唱曲是北曲，这种曲子起源于唐朝，包括大曲、诸宫调、宋词、鼓子词和其他北方各个少数民族的音乐，使用最多的是宫调。北曲可以分成戏曲和散曲两种，戏曲是在舞台上表演，讲述完整故事的，散曲是用来清唱的，主要是比较短的小令，这就是后来元曲中杂剧和散曲的区别。

杂剧在唐朝时指的是杂技，除歌舞以外都叫杂剧，包括倒立、飞刀、吞刀、吐火等杂耍，也包括说书、唱曲、鼓词等艺术。到了宋朝，杂剧成了一种固定的表演形式，主要是滑稽的搞笑表演，表演时一般有四个演员，内容分成三段：第一段叫"艳段"，内容是生活中比较有趣的小事情；第二段叫正杂剧，是表演的主要部分，讲一个完整的故事；第三段叫散段，主要是搞笑的滑稽表演。这三段的内容不连贯，都有自己的主题。宋朝时的东京（现在的河南开封）和临安（现在的杭州）很流行这种杂剧。一开始，宋朝的杂剧没有正式的剧本，后来，为了方便传播，民间的文人把演出过的杂剧整理到一起，成了专门的剧作家。杂剧的剧本还有一部分来自民间故事和小说里的故事，为了满足市民的日常娱乐，还出现了很多话本小说和说书人。

到了金代，出现了院本，杂剧开始慢慢变成专门的戏曲，叫作"金院本"，表演的时候有五个演员，已经有了固定的故事和名字，也加入了固定的曲和念白，现在还存在的名字就有706个。元杂剧的很多表演形式都继承了金院本，比如演员上下场都有固定的门，角色已经有了固定的名称，有末泥、副末、装孤、副净、引戏，等等，这些成了后来元杂剧里的旦、末、外、净、杂等角色。

绘制思维导图第二部分

起源

类别

元杂剧

元杂剧是一种配乐演唱的舞台剧,有三个特点:

第一,一本完整的元曲分成四折,中间有楔子;第二,杂剧包括唱词和念白,舞台上的角色都有自己的专业划分,只有一个主唱;第三,元杂剧的故事大部分都是来自民间,反映的都是民间百姓的生活,深受百姓的喜爱。

散曲

散曲在元代也被叫作乐府,是来自民间的民歌,特点是通俗易懂,诙谐风趣。它可以分成三种:

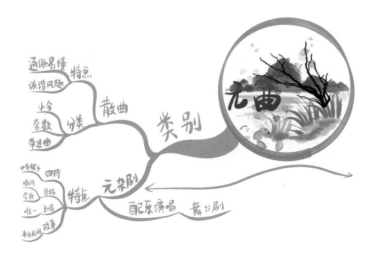

第一种是小令，又叫"叶儿"，字数比较少，曲也比较短，类似于宋词里的令；第二种是套数，又叫散套、套曲和大令，这种散曲使用同一个宫调，几个曲牌连在一起，在最后有尾声；第三种是带过曲，用同一个宫调把不同的小令连在一起，这些小令都有自己的曲牌。

元曲四大家

关汉卿

关汉卿是"元曲四大家"之首，解州（现在的山西省运城市）人，被称为"元杂剧鼻祖""中国的莎士比亚""曲圣"，成就非常高。他一共写过67部作品，流传到现在

绘制思维导图第四部分

元曲四大家

的有18部，最有名的是《窦娥冤》。除了杂剧，他还写了40多首小令，10多首套数，代表作是《一枝花·不伏老》，里面最有名的一句是"我是个蒸不烂、煮不熟、捶不扁、炒不爆，响当当一粒铜豌豆"。

马致远

马致远出生在元代，大都人，写过15部杂剧，120多首散曲，被人们称为"马神仙""曲状元"。

郑光祖

郑光祖是平阳襄陵（现在的山西省临汾市襄汾县）人，他曾经在杭州做过小官，所以在南方特别有名。郑光祖的杂剧有18部，最有名的是《倩女离魂》。

白朴

白朴原名白恒，隩州（现在的山西省河曲县）人。他一生写过16部杂剧，写的大部分都是才子佳人的故事，代表作是《墙头马上》；散曲100多首，都编入了《天籁集》。

简介

文学体裁 —— 包括 —— 杂剧 —— 叙事剧作 音乐曲调

散曲 —— 成就小

体制 —— 宫调 风格 玉宫 四调 禁十一调

曲牌 335个

曲韵 押韵

平仄 严格

对仗 十三种

衬字增加字数

四大家 —— 关汉卿 —— "中国莎士比亚" 首

《窦娥冤》代表作

马致远 —— "曲状元"

天净沙·秋思

散曲 120+

郑光祖 —— 《倩女离魂》代表作

白朴 —— 《墙头马上》代表作

特点 —— 通俗易懂

诙谐风趣

散曲 —— 分类 —— 小令

套数

带过曲

类别 —— 元杂剧 —— 特点 —— 四折

唱词 自白 包括

唯一 主唱

来自民间 故事

配乐演唱 舞台剧

角色 —— 旦 末 外 净 杂

起源 —— 唱曲 —— 北曲 —— 源 庙词

分 戏曲 散曲

杂剧 —— 三段 艳段 趣

正杂剧 主体

散段 滑稽表演

元杂剧 继承 —— 金院本 杂剧 戏曲

元曲

完整思维导图

画出属于你的思维导图

每个人心中的思维导图都不一样，小朋友们，发挥你的想象力，画出你心中的思维导图吧！

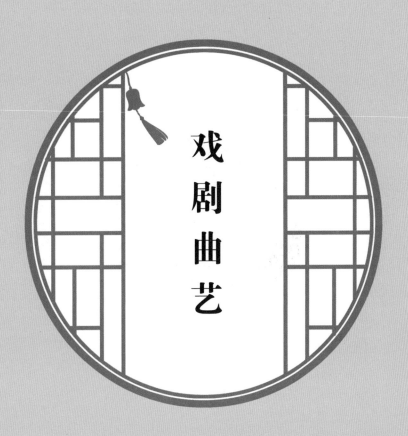

戏剧曲艺

京剧

简介

　　京剧是中国戏曲形式的一种，腔调主要是西皮和二黄。西皮是明末清初，秦腔传到武昌（现在的武汉市）和汉口一带，和当地的曲调结合在一起形成的一种新的唱腔；二黄是来自安徽的唱腔，一般都是和西皮一起使用，叫作"皮黄"。京剧主要的伴奏乐器有京胡、京二胡、月琴、唢呐、笛子、笙、单皮鼓等。京剧是中国的国粹，2010年11月16日，被列入"人类非物质文化遗产代表作名录"。京剧与黄梅戏、越剧、评剧、豫剧并称"中国五大戏曲剧种"。

　　京剧的表现方法有唱、念、做、打。"唱"就是把需

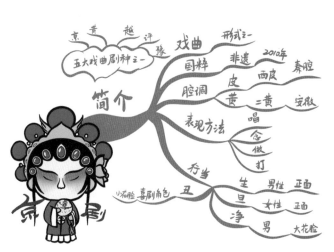

绘制思维导图第一部分

简介

要唱的戏词唱出来，"念"是跟着音乐念白，它们一起组成了京剧"唱"的部分；"做"是演员要在舞台上表演的各种动作，"打"是武打和翻跟头等技能，它们一起组成了"舞"的部分。

京剧演员分成四个行（háng）当：生、旦、净、丑。生，是对男性正面角色的称呼，可以分成老生、小生、武生、红生和娃娃生；旦，是对女性正面角色的称呼，可以分成正旦、花旦、刀马旦、武旦、彩旦和闺门旦；净，是对比较特别的男性角色的称呼，也叫花脸，脸上要画上脸谱，比如包拯、曹操；丑，是对喜剧角色的称呼，又叫小花脸，化妆的时候要在鼻子上抹一块白粉，让角色看上去更加滑稽。

京剧脸谱一般用颜色来表现角色的性格：红色代表忠义，比如关羽；白脸代表奸诈，比如曹操就经常被叫成"白脸奸贼"；黑脸代表勇猛，比如张飞；蓝脸和绿脸一般代表的是草莽英雄和绿林好汉，比如瓦岗寨的单雄信；金脸和银脸代表神仙和鬼怪，比如二郎神和如来佛就是金脸；黄脸代表勇猛和暴躁；紫脸代表稳重，有正义感。

起源

清初流行于江南地区，以唱吹腔、高拨子、二黄为主的徽班是京剧的前身。乾隆皇帝登基后，非常喜欢到南方游玩，他也喜欢听戏，徽商们为了招待皇帝，养的戏班也越来越好，越来越多，这些戏班被叫作"徽班"。

后来，乾隆皇帝给自己办八十岁大寿，大商人江鹤亭组织了一个叫"三庆班"的戏班到北京给乾隆皇帝祝寿，受到了皇帝和贵族们的欢迎，获得了很大的成功。后来，四喜班、和春班、春台班等戏班也都进入京城。因为徽班的流动性比较大，在很多地方都演出过，也吸收了很多其他唱腔，京城里其他唱腔的艺人没有办法和徽班竞争，慢慢地都加入了徽班。到了距离现在180多年的道光年间，徽戏、秦腔、汉调、昆曲、京腔合在一起，形成了京剧。

绘制思维导图第二部分

起源

京剧形成以后，出现了很多优秀的演员，"老生后三杰"谭鑫培、汪桂芬和孙菊仙是代表人物，他们对京剧的服装、唱腔和曲子进行了完善，京剧变得越来越成熟，形成了独特的"谭派"。

后来，京剧开始进入皇宫演出，慈禧过五十岁生日时，挑了十八个演员到皇宫里教太监学唱戏。由于慈禧喜欢听，其他的王公贵族们也慢慢喜欢上了京剧。到后来，京城里出现了很多专门表演京剧的戏园，每天都有很多京剧演出。

到了清朝晚期，出现了更多的优秀演员，形成了很多流派，代表人物有程砚秋、梅兰芳、荀慧生和尚小云"四大名旦"，还有余叔岩、高庆奎、言菊朋、马连良"四大须生"等。

京剧是中国传统文化的重要表征之一，是特定地域文化的产物，它更接近于底层和民间的趣味。不过，到了现在，喜欢看京剧的人越来越少了，京剧观众不断流失，具有丰富经验的老演员不断辞世，使得京剧演出中的很多特技没有能够流传下来。

绘制思维导图第三部分

发展

流派及代表人物

梅派

梅派的创始人是梅兰芳，他出生于1894年，原名叫梅鹤鸣，兰芳是他的艺名。梅兰芳出生在戏曲世家，从八岁就开始学习戏曲表演，九岁拜吴菱仙为师开始学习青衣，十岁就能登台表演，后来又跟着两位大师学习花旦。通过不断的努力和学习，梅兰芳把京剧中的青衣、花旦和刀马旦结合在一起，创造了独特的唱腔和表演方法，塑造了很多华贵典雅的女性形象，被人们叫作"梅派"。

梅兰芳的代表作有《霸王别姬》《贵妃醉酒》《穆桂英挂帅》等，梅派的传人有言慧珠、杜近芳、梅葆玖、胡文阁、李胜素等。

程派

　　程派的创始人是程砚秋，他出生于1904年，原名叫承麟，四大名旦之一。他小时候家里比较贫穷，六岁时跟着荣蝶仙学习武功，后来又跟着向荣春学习武生，过了一年之后又跟着丁永利学戏，不过因为程砚秋长相比较清秀，又改学花旦，后来又因嗓音特别好改学青衣。他学习基本功非常刻苦，十一岁就开始登台表演，第一次演出就引起了轰动。他的代表作有《武家坡》《贺后骂殿》《三击掌》《玉堂春》等。

　　程派也是旦角，主要特点是严格遵守音律，随着人物情绪的变化，唱腔也跟着跌宕起伏，节奏的变化非常多，传人有徐润生、陈丽芳、刘迎秋等。

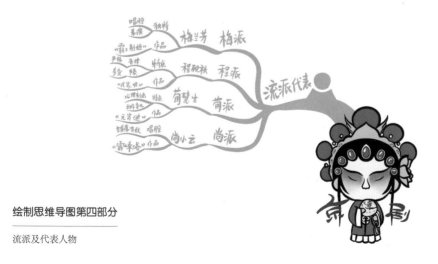

绘制思维导图第四部分

流派及代表人物

荀派

荀派的创始人是荀慧生，出生于1900年，原名荀秉超。荀慧生小的时候家里十分贫穷，七岁时被父亲卖给戏班学戏，他练习基本功非常刻苦，八岁时就第一次登台表演，后来，又跟着很多老师学习青衣和花旦，终于形成了自己的风格，被人们叫作"荀派"。他一生演出三百多场，代表作有《元宵谜》《玉堂春》《棋盘山》等。

荀派的特点是在表演时注意刻画人物的心理，重视人物的动作，要求演员在表演时动作变化要多，尤其是眼神的运用。荀派的传人有吴纪敏、金淑华、李薇华等。

尚派

尚派的创始人是尚小云，他出生在1900年，原名尚德泉。他天赋很高，先学的老生，后来又学习武生和花脸，最后才学的旦角，他的基本功非常扎实，尤其是青衣很受大家的喜爱，被人们叫作"青衣正宗"。尚小云的代表作有《秦良玉》《雷峰塔》《春秋配》等。

尚派的特点是嗓音清亮，唱腔错落有致，打破了唱腔的固定节奏，传人有张蝶芬、赵晓岚、雪艳琴等。

唱腔 独特
《霸王别姬》 作品　　梅兰芳　梅派
严整 重律
多变 着陵　特流　程砚秋　程派
《明末典》 作品
心理刻画　特能　荀慧生　荀派
细腻　作品
《元宵谜》
铿锵青政　唱腔　尚小云　尚派
《霸峰塔》 作品

流派代表

京 黄 越 评
豫
五大戏曲剧种之一

戏曲　形式之一
国粹　非遗　2010年
腔调　皮　西皮　秦腔
黄　二黄　安徽
表现方法　唱
念
做
打

简介

行当　生　男性　正面
小花脸 喜剧角色　丑　旦　女性　正面
净　男　大花脸

服装
唱腔 完善　谭派
曲子
慈禧 太后　讨喜　入宫
贵族
程砚秋　　四大名旦　晚清
梅兰芳
荀慧生
尚小云

发展

京剧

起源　清初　流行 江南
前身　徽班
乾隆　　四喜班
80大寿 "三庆班"祝寿　和春班
春台班

徽戏
秦腔
汉调　　徽班 再糅合
昆曲　　　京腔

四大须生　余叔岩
高庆奎
言菊朋
马连良

京剧

完整思维导图

画出属于你的思维导图

每个人心中的思维导图都不一样，小朋友们，发挥你的想象力，画出你心中的思维导图吧！

越剧

越剧是中国的第二大剧种，属于中国五大戏曲剧种之一，有大约150年的历史。越剧和京剧一样，也使用"唱念做打"的表现手法。

在表演越剧的时候使用的乐器以越胡（主胡）、琵琶、板鼓为主，加上筝、笛子（箫）、二胡等，到了现代又加入了小提琴、大提琴、长笛、黑管等西方乐器。

越剧的角色行当一共有四种：小生、小旦、老生和小丑。小生：扮演青年和男性角色，可以分成风雅小生、功架小生、穷小生和武小生；小旦：扮演年轻的女子，可以分成悲旦、花旦、闺门旦、正旦、武旦、泼旦等；老生：扮演四十岁以上的男性角色，带黑色胡子的叫正生，带花白胡子和白胡子的叫老外；小丑：又叫小花脸，化妆的时候在鼻子上画一个小白点，可以分成长衫小丑、短衫小丑和彩旦等，一般扮演小贩、酒保、乞丐和小偷等小角色。

越剧主要流行于上海、浙江、江苏、福建、江西、安徽等广大南方地区，以及北京、天津等北方地区。

绘制思维导图第一部分

简介

越剧起源于浙江省绍兴市嵊县（今嵊州市）流行的"落地唱书"。清朝咸丰年间，嵊县发生了大洪水，百姓的房子和田地都被冲毁了，都跑到外地去当了乞丐。当时马塘村有一个叫金其炳的农民，很有才华，他不愿意做乞丐，就自己编了很多民歌，跑到其他地方演唱来赚钱。他看见什么都能写，什么都能唱，编的歌词通俗易懂，很受大家的欢迎，很快就有了名气，慢慢地形成了自己独特的唱腔，被人们叫作"四工合调"。

金其炳有了名气以后，很多人都来找他学艺，徒弟们学会了"落地唱书"以后，就到其他地方挨家挨户地卖唱，主人看他们可怜，一般都会施舍一点吃的，所以，人们又叫他们"讨饭佬唱年糕"。其他人看到金其炳和他的徒弟们都赚了钱，慢慢地都开始模仿，因为是挨家挨户地卖唱，所以大家叫他们"沿门唱书"。

后来，这种形式传到了余杭等地，那里当时比较流行"茶店书"，老百姓们要想听说书，就得去茶楼喝茶，有了"落地唱书"以后，大家再也不用去茶楼了，在自己的家门口就能听书，很受欢迎。再到后来，这些唱书的人不只说书，还把自己打扮成故事里的人物登台演出，就成了越剧的前身，叫"小歌班"，不过，当时唱书的人都是男性，所以也叫"男班"。

到了1917年的民国时期，小歌班第一次到上海演出。后来"小歌班"水平比较高的艺人们聚在一起，学习了京剧和其他戏曲的表演形式，编排了《梁山伯与祝英台》《孟丽君》等新的剧目，受到了观众们的欢迎，开始在剧场和茶楼里演出。到1925年，上海《新闻报》第一次在广告里使用了"越剧"这个词来称呼"小歌班"，从这里开始，越剧就真正诞生了。

绘制思维导图第二部分

起源

发展

　　最早的越剧班都是男性组成的，到1923年，嵊县的商人王金水在家乡招收了二十多个十三岁以下的女孩，组成了第一个越剧女班，在上海受到了欢迎，被人们叫作"髦儿小歌班"。第一个女班成功之后，更多的越剧女班来到了上海，慢慢地，女班成了主流。这个时候出现了很多优秀的越剧演员，代表人物有小旦"三花一娟一桂"：施银花、赵瑞花、王杏花、姚水娟、筱丹桂。这个时期，还出现了很多越剧编剧，创作了四百多个新的剧目。

　　到1942年，袁雪芬按照话剧的形式对越剧进行了改编，被人们叫作"新越剧"。越剧开始讲究服装、道具、化妆和灯光等舞台效果，唱腔也发生了改变。中华人民共和国成立以后，上海成立了"华东戏曲研究院"，培养了很多人才；2002年，学校划归上

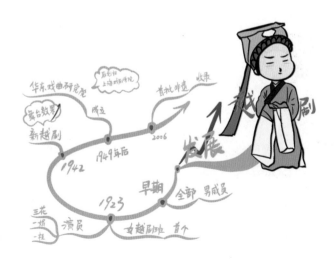

绘制思维导图第三部分

发展

海戏剧学院，改名上海戏剧学院附属戏曲学校。

越剧在全国都非常流行，在20世纪60年代，全国一共有280多个专业剧团，到了80年代以后，国营的专业剧团慢慢减少，只剩下了35个左右，但是民间的剧团还成千上万，就连美国、新加坡和澳大利亚都有，被外国人叫作"中国的歌剧"。2006年，越剧被收入第一批"国家级非物质文化遗产名录"。

流派及代表人物

越剧的流派非常多，公认的有十三个。

袁派：袁雪芬创立，主要扮演花旦，注重唱腔委婉细腻，声情并茂。

范派：范瑞娟创立，她是"弦下腔"的创始人，主要扮演小生，充满男性的阳刚美，

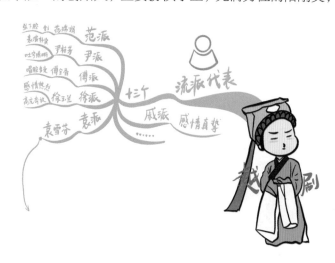

绘制思维导图第四部分

流派及代表人物

嗓音厚实，声音洪亮。

尹派：尹桂芳创立，主要扮演小生，特点是表演朴实，潇洒，吐字清晰。

傅派：傅全香创立，主要扮演花旦，特点是唱腔多变，表现力强。

徐派：徐玉兰创立，主要扮演小生，特点是曲调大起大落，感情热烈，高亢奔放。

戚派：戚雅仙创立，主要扮演花旦，特点是感情真挚，表演朴实，花腔比较少。

王派：王文娟创立，主要扮演花旦，特点是通过人物的表情和神态表现感情。

陆派：陆锦花创立，主要扮演小生，特点是朴实清新，不喜欢华丽。

毕派：毕春芳创立，擅长表演喜剧，特点是用唱法来表现人物性格。

张派：张桂凤创立，主要扮演老生，特点是善于刻画人物的性格。

吕派：吕瑞英创立，主要扮演花旦，特点是唱腔多变，花腔比较多。

金派：金采风创立，主要扮演花旦，擅长演大家闺秀，高雅得体。

张派：张云霞创立，主要扮演花旦，特点是唱腔细腻，情感充实。

中国五大戏曲剧种之一

简介
- No.2
- "五大剧种"
- 历史 ≈ 150年
- 表现手法 "唱念做打"
- 角色行当
  - 小生
  - 小旦
  - 老生
  - 小丑

流派代表
- 十三个
- 范派
  - 发音腔 创 范瑞娟
  - 表质秀发
- 尹派
  - 吐字清晰 尹桂芳
- 傅派
  - 唱腔起伏 傅全香
- 徐派
  - 刚柔热情 徐玉兰
- 袁派
  - 高亢奔放 袁雪芬
- 戚派
  - 感情真挚

戏剧

起源
- 浙江
  - 绍兴 嵊县 "落地唱书"
  - 随后发展
    - "四工合调"
    - "沿门唱书"
    - 小歌班
  - 1917 上海 首演

发展
- 首批非遗 收录
- 2006 成立
  - 后剧和 上海越剧院
- 1949年后
  - 华东戏曲研究室
  - 爱台教研
  - 新越剧
- 1942
- 1923 早期
  - 全部 男成员
  - 演员 三花 一娟 一桂
- 1925 《新闻报》首次使用 "越剧"
- 女越剧班 首个

越剧

完整思维导图

画出属于你的思维导图

每个人心中的思维导图都不一样，小朋友们，发挥你的想象力，画出你心中的思维导图吧！

黄梅戏

 简介

　　黄梅戏原名采茶戏、黄梅调，是安徽省的地方戏曲，中国五大戏曲剧种之一，2006年，黄梅戏被列入第一批"国家级非物质文化遗产名录"。

　　黄梅戏的语言是安庆的地方话。

　　黄梅戏的伴奏乐器比较简单，一般只有"三打七唱"，用大锣、小锣、扁形圆鼓伴奏，七个人演唱，后来又加入了高胡、二胡、扬琴和琵琶等乐器。

　　黄梅戏的行当可以分成七个。

　　正旦：扮演成年妇女，要求成熟稳重；

　　小旦：又叫花旦，扮演年轻的女性，要求唱腔和动作都要标准；

　　小生：扮演青年男子，用大嗓门演唱；

　　小丑：可分成小丑、老丑和彩旦，负责滑稽和搞笑；

　　老旦：扮演老年妇女；

　　花脸：除包拯以外，大部分都是恶霸和地痞流氓的角色；

　　正生：带黑胡子的叫正生，带白胡子的叫老生。

绘制思维导图第一部分

简介

起源

　　明朝时，江西盛产茶叶，妇女们到山上摘茶时，经常会一边唱歌一边劳动，人们把这种民歌叫"采茶歌"。后来，人们把"采茶歌"编在一起，成了联唱的形式，每年的元宵节都要演唱，又加入了本地舞蹈，边唱边跳，叫作"采茶灯"。

　　有茶商来收购茶叶的时候，茶农们就从"采茶灯"的演员里挑出三个人，扮演大姐、二姐和丑角，手里拿着篮子边唱边跳，成了最早的"小戏"。

　　后来，这种"小戏"在江西、安徽和湖北三个省广泛传播，和各地的方言、唱腔结合，形成了新的戏曲形式"罗汉桩"。到了140多年前的光绪年间，已经有了200多个固定的戏本，这些戏本很多都是根据真人真事改编的，有很多劳动场面，很贴近生活，演员也都是农民，受到了老百姓的喜爱。这个时候的戏班子，已经不能随意表演了，演出前必须排练，还有专门的服装和道具等。班子里的人也不多，一般有七八个，农忙的时候种地，只有闲的时候才聚在一起演出。

绘制思维导图第二部分

起源

到100年前的民国，黄梅戏的班子慢慢地越来越正规，人员也开始固定下来，除专门的演员以外，还有专门的班主，并从农村慢慢进入了城市的舞台。到了城市以后，黄梅戏班开始和京剧、越剧等其他戏种的班子合作，吸取它们的优点，编排了很多新剧目，他们还在伴奏乐器里加入了胡琴等其他乐器，服装、舞台道具也都丰富起来。

中华人民共和国成立以后，安徽省成立了专业的黄梅戏剧团，安庆地区十三个县也成立了剧团，湖北、江西、福建、浙江等很多省也出现了专业剧团。后来，黄梅戏《天仙配》被改编成了电影，受到全国人民的欢迎，黄梅戏的知名度也越来越高，从地方戏剧变成了全国剧种。《天仙配》电影成功以后，香港导演李翰祥又拍摄了《貂蝉》《江山美人》《凤还巢》《杨乃武与小白菜》《玉堂春》等黄梅戏电影，在香港和澳门地区受到了观众的喜爱，也成立了黄梅戏剧团。

不过，黄梅戏和其他传统的戏曲一样，观众越来越少。很多艺人和剧团开始对黄梅戏的表演方式创新，创作了很多新的剧目，湖北省还成立了湖北省黄梅戏剧院，希望能够让黄梅戏越来越好。

绘制思维导图第三部分

发展

流派及代表人物

严派

严派的创始人是严凤英，1930年出生在安徽省安庆市。四五岁时，因为父母离婚，她跟着爷爷奶奶回到了罗家岭，学会了很多那里的民歌，后来，她的父亲也回到了家乡，教严凤英唱京剧。到十岁时，严凤英开始学唱黄梅戏，十五岁第一次登台演出，扮演了一个丫鬟的小角色。没想到，这件事被族人知道后，认为她触犯了族规，要把她绑起来淹死。严凤英逃跑之后，跟着戏班子到处唱戏，受到了百姓的欢迎，知名度也越来越高。1954年，她主演了黄梅戏电影《天仙配》，在戏中扮演七仙女闻名全国，被称为"黄梅戏里的梅兰芳"和"黄梅戏的一代宗师"。

绘制思维导图第四部分

流派及代表人物

王派

王派创始人王少舫，1920年出生，江苏省南京市人。他原来是京剧演员，当时他的戏班和另一个黄梅戏班合作演出，所以王少舫也会唱黄梅戏。到1950年，他参加了"民众剧团"，正式开始唱黄梅戏，还根据京剧的唱法，自己创造了一套花脸唱法，黄梅戏才有了花脸。1954年，他和严凤英一起主演电影《天仙配》，扮演董永，轰动全国，成了家喻户晓的明星。

黄梅戏

完整思维导图

画出属于你的思维导图

　　每个人心中的思维导图都不一样，小朋友们，发挥你的想象力，画出你心中的思维导图吧！

评剧

评剧是在中国北方和东北比较流行的剧种，中国五大戏曲剧种之一。2006年，评剧入选第一批"国家级非物质文化遗产名录"。在"唱念做打"的表现手法里面，重视"唱"，要求吐字清晰，简单明白。

评剧的唱腔有一板三眼、一板一眼、有板无眼、无板无眼四种形式。

评剧的伴奏乐器分为文场和武场，文场有板胡、二胡、中胡、低胡、琵琶、笛、笙、大瓢胡、贝司、铜管、大提琴、小提琴等；武场有板鼓、梆子、锣、镲等。

评剧的行当可以分成八种：青衣，扮演青年和中年妇女；花旦，扮演年轻美貌的女性；老旦，扮演老年妇女；彩旦，扮演女性丑角，年龄比较大的叫"丑婆子"；小生，扮演青年男性；老生，扮演老年男性；花脸，扮演性格特点比较明显的男性；小花脸，扮演男性丑角。

现在评剧仍在华北、东北一带流行。

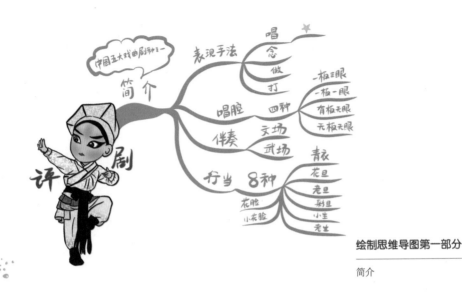

绘制思维导图第一部分

简介

评剧可以分为东路评剧和西路评剧，产生和发展过程不同。

东路评剧

在1400多年前的唐代，流行一种叫作"散花乐"的佛教音乐；到了宋代，这种音乐传到民间，成了乞丐乞讨时唱的一种歌曲，在很多地方都很流行；到清朝嘉庆年间，这种音乐在河北的滦县、宝坻、迁安、三河的农村地区发展成了"对口莲花落（lào）"，农民们过节或者赶集的时候，就会看到这种表演。

对口莲花落有单板和对口两种，人们把对口的表演叫"唱花灯"。后来，唐山地区出现了铁路和厂矿，很多工人都在那里上班，唱花灯的人就跑到唐山卖唱，出现了专业的班子。莲花落班子为了增加吸引力，在表演的时候加入了武戏，每次表演之前，先要进行一段武术表演。

过了几年，东北地区的二人转演员也来到唐山卖唱，加入了莲花落的班子。受到二人转的影响，莲花落演员把唱和念白分开，自己亲自扮演故事里的人物，把一个完整的故事分成场次演出，还加入了大弦、笛子、唢呐、锣鼓、梆子这些伴奏乐器。1908年，成兆才组织了新的莲花落班子庆春班，带着他们到北京表演，受到了人们的欢迎，被叫作"平腔梆子戏"。后来，又受到河北梆子的影响，加入了很

多其他乐器，吸收了京剧和乐亭大鼓的唱腔，还编写了很多新的剧目，这种新的表演形式被人们叫作"平戏"，受到了当地人的欢迎和喜爱。

西路评剧

清朝时北京周边流行"西路莲花落"，艺人们通过沿街卖唱赚钱。后来，这种艺术和河北梆子等艺术结合，形成了新的剧种"北京蹦蹦戏"，又被人们叫作"西路评剧"。到清朝光绪年间，金叶子、王殿佐等比较有名的艺人拜曾经在皇宫里演出的赵新桓为师，又请了很多演员，一起组成了戏班，在北京的茶园和戏园里面演出，受到了观众们的喜欢。

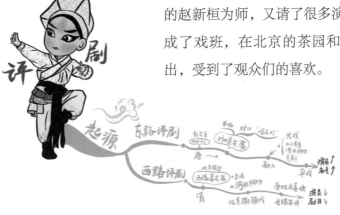

绘制思维导图第二部分

起源

发展

　　警世戏社成功以后，东路评剧又创办了警世戏社二班和警世戏社三班，出现了著名演员盖月珠、金灵芝、李义廷、芙蓉花等，还有专业的编剧杨树森、温东等，在北京、河北和东北地区演出，名声越来越大。到1924年，郭子元和李金顺又成立了元顺剧社，他们在天津演出的时候第一次使用了"评戏"这个词。东路评剧的演员越来越多，名气也越来越大，他们对评剧进行了很多创新，还编写了很多新剧目。西路评剧的演员大部分都是穷苦农民，没有什么文化，也没有编写新剧目，慢慢就消失了，只有偶尔才会出现。

　　到了1935年的民国时期，很多评剧艺人都跑到南方演出，在上海报纸的演出广告里，第一次使用了"评剧"这个词。1939年，著名评剧艺人白玉霜演出，轰动了整个上海，《海棠红》还被改编成了电影，她也被人们叫作"评剧皇后"，评剧也成了全国都很流行的剧种。

绘制思维导图第三部分

发展

中华人民共和国成立以后，成立了中国评剧院和沈阳评剧院，很多地方也成立了评剧社，到1985年，全国有一百多个专业的评剧社。不过，和其他的传统戏曲一样，评剧的观众也在慢慢流失。

流派及代表人物

李派

李派是李金顺创立的。她1896年出生于天津，从小学习大鼓和评书，十六岁时，开始学习和演唱莲花落，三十一岁时，在哈尔滨成名，形成了自己的演唱风格，白玉霜、刘翠霞、喜彩春、喜彩莲都是她的徒弟。李派的演唱特点是声音高亢，节奏多变，说唱结合。

刘派

刘派是刘翠霞创立的。她1911年出生在天津，十岁时学习辽河大鼓，十一岁进入了莲花落班子，开始学习评剧，十七岁和李华山一起组建了戏班"山华社"，在各大戏园演出，受到了观众们的喜爱，被人们叫作"评剧女皇"。刘派的特点是调子高，节奏快，唱词有力，有很强的感染力。

白派

白派是白玉霜创立的。她1907年出生在河北滦县，父亲是莲花落艺人，从小跟着父亲在各个地方演唱，十一岁时学习京韵大鼓，十四岁开始学习评剧，成了孙家戏班的主角。她成名以后，母亲成立了玉顺评剧社，白玉霜的名气越来越大，后来又到上海演出，轰动了整个上海，她的戏还被改编成了电影。白派的特点是嗓音比较低，音色纯正，善于表现人物的感情。

爱派

爱派是爱莲君创立的。她1918年出生在天津，十二岁开始学习评剧，十六岁时开始到全国各地演出，还到日本录制了唱片，名声越来越响，形成了自己独特的唱法。爱派的特点是嗓音甜美，吐字清晰，带有天津方言，俏皮活泼。

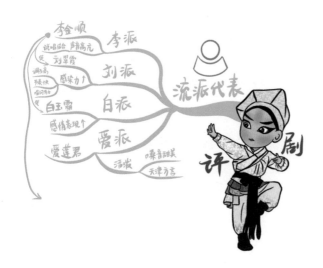

绘制思维导图第四部分

流派及代表人物

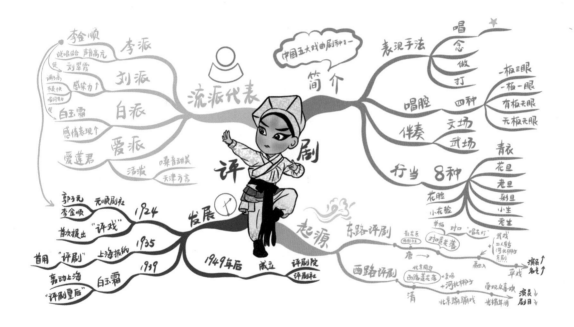

流派代表
- 李合顺 李派
  - 说唱结合 声音高亢
- 刘翠霞 刘派
  - 调门高 爽快 有同期 感染力↑
- 白玉霜 白派
  - 感情表现↑
- 爱莲君 爱派
  - 活泼 嗓音甜美 天津方言

简介
- 中国五大戏曲剧种之一

评剧

表现手法
- 唱
- 念
- 做
- 打

唱腔 四种
- 一板三眼
- 一板一眼
- 有板无眼
- 无板无眼

伴奏
- 文场
- 武场

行当 8种
- 青衣
- 花旦
- 老旦
- 彩旦
- 花脸
- 小生
- 小花脸
- 老生

发展
- 郭子元 元顺剧社 李金顺 1924
- 首次提出 "评戏"
- 首用 "评剧" 上海报纸 1935
- 轰动上海 白玉霜 1939 "评剧皇后"
- 1949年后 成立 评剧院 评剧社

起源
- 东路评剧
  - 唐一 北京周边 西路莲花落 河北梆子 北京蹦蹦戏 清
- 西路评剧

评剧
—
完整思维导图

画出属于你的思维导图

　　每个人心中的思维导图都不一样，小朋友们，发挥你的想象力，画出你心中的思维导图吧！

豫剧

简介

豫剧是发源于河南的一种戏曲，是中国五大戏曲剧种之一，因为音乐伴奏的时候要用到枣木做成的梆子，所以也叫"河南梆子"。2006年，豫剧被列入第一批"国家级非物质文化遗产名录"。

豫剧的唱腔有四种。

祥符调：产生于河南封丘的一种唱腔，是豫剧的主要唱腔，男性声音高亢，女性庄重大方，一般用七字句和十字句。

豫西调：产生于洛阳的

绘制思维导图第一部分

简介

一种唱腔，演唱时声音比较低沉，适合表达悲观和低落的情绪。

豫东调：产生于商丘的一种唱腔，声音比较粗犷豪迈，女腔的花腔比较多。

沙河调：比较婉转活泼的一种唱腔，适合表达愉快的心情。

豫剧的伴奏有大弦、二弦、三弦、板胡、二胡、琵琶、竹笛、笙、闷子、大提琴、坠胡、古筝、小提琴和其他的西洋管弦乐。

豫剧的行当可以分成四生、四旦和四花脸。

四生：老生（也叫红脸，可以分成大红脸和二红脸）、小生、娃娃生、边生（扮演老生的次要角色）。

四旦：正旦、小旦、老旦、武旦和彩旦。

四净：正净（大花脸）、副净（架子花脸）、武净（武花脸）、毛净（毛花脸）。

起源

在1000多年前的北宋时期，经济发展很快，出现了很多大城市和市民，当时北宋都城汴梁的人口超过了一百万。当时看戏是人们最喜欢的娱乐活动，于是，就出现了很多专门

绘制思维导图第二部分

起源

演戏曲的勾栏，最大的勾栏里可以坐一千多人。到了元朝，文人创作了很多元杂剧和散曲，这些曲子流传到民间，变成了"时尚小令"。到了明朝，这种民间艺术和陕西的秦腔、蒲州梆子等戏曲结合在一起，形成了新的剧种"河南梆子戏"，一直流传到了现在，也就是今天的"豫剧"。

发展

早在300多年前的清朝，豫剧就有了很多专业的戏社，河南封丘的天兴班培养了很多有名的豫剧演员，开封城还有义成班、公议班和公兴班，被人们叫作"老三班"，这些戏社基本上在河南本地演出，很受当地人的喜爱。

到了民国，河南梆子戏社开始进入茶社进行演出，当时京剧已经进入茶社，两种戏剧成了竞争关系，不过，因为河南梆子戏是本地戏，唱腔和语言比较符合当地人的口味，更受当地人的欢迎。到后来，开封成立了永安、同乐、永乐和国民四个戏班，吸引了很多著名的演员，还创办了专门用来演出豫剧的舞台。

不过，当时的豫剧社团都是农民们组成的，剧目和唱词也都比较粗糙。1930年，很多知识分子对豫剧进行了改造。后来，河南的教育厅主任樊粹庭还成立了豫剧戏剧学社，对念白、腔调、化妆和服装等进行了优化。

抗日战争爆发以后，樊粹庭和陈素真组织了一个新的剧团，取名"狮吼剧团"，编排了很多抗战剧目，到全国各地进行演出，号召大家一起抗日，给抗日活动捐款。后来，日军攻占开封，狮吼剧团来到西安，看到很多河南的孩子无家可归，非常可怜，就招收了很多儿童，教他们学戏，组成了"狮吼儿童剧团"，给他们编排了新的剧目《清风寨》《盘肠战》《九江口》等武打戏，受到了观众们的喜爱和赞扬。

狮吼剧团在西安成功以后，很多人都在西安创办了新的剧社，常香玉创办了香玉剧社，崔兰田创办了兰光剧社，孙老七创办了河南灾童戏剧学社，西安成了豫剧发展的重要地点，这些剧团在一起交流，互相搭班演出，豫剧有了很大的发展。

中华人民共和国成立以后，河南梆子正式改名叫"豫剧"，很多地方都成立了专门的豫剧表演社团，杨兰春、王基笑还创造了现代戏《朝阳沟》，被人们叫作"现代戏流派"。

后来，豫剧应邀到美国、德国、意大利和英国等国家演出，受到了观众的喜爱，豫剧走向了世界。

绘制思维导图第三部分

发展

豫剧还改编了英国著名作家莎士比亚的《威尼斯商人》，受到了观众的喜爱，豫剧也变得越来越国际化。

1997年举办了第一届中国豫剧艺术节，以弘扬民族文化，推动豫剧艺术的发展。

流派及代表人物

唐门

唐门是唐玉成创立的，主要扮演红脸，被人们叫作"红脸王"，他还创造了豫东调。唐门的特点是真嗓和假嗓结合，声音粗犷豪放，浑厚朴实，传人有李克让、刘玉龙等。

唐派

唐派是唐喜成创立的，主要扮演红脸。他1924年出生在

绘制思维导图第四部分

流派及代表人物

河南开封，小时候家里过得比较贫穷，十岁时开始学戏，他学习非常认真刻苦，通过自己的观察学会了很多角色，受到了大家的喜爱。他在一次演出时大胆地扮演了皇后，取得了成功，从此之后，他就开始演出旦角。到十七岁时，唐喜成的声音慢慢变得粗了起来，再也没有办法演旦角了，但他没有灰心，又开始学习武生和花脸，登台以后再次受到了观众的喜爱，被人们叫作"豫剧第一人"。唐派的特点是重视唱腔，吐字真切，稳健大方。

刘派

刘派是刘忠河创立的，主要扮演红脸。他1943年出生在河南省商丘市，十二岁时加入红星剧校，后来又考入了河南戏曲学校，学习净角。后来，他的名气越来越大，被人们叫作"豫东红脸王"。刘派的特点是唱腔高亢激昂，自然流畅，擅长扮演皇帝。

常派

常派是常香玉创立的，主要扮演旦角。她1923年出生在河南省巩义市，九岁时跟着父亲开始学戏，先学武丑、小生、须生，后来又开始学习花旦。十二岁跟着父亲到开封演出，受到了观众们的喜爱，到十三岁时，她连演了三场《泗州城》，轰动了整个开封城。后来，她的名气越来越大，成为"六大名旦"之一。常派的特点是唱腔字正腔圆，擅长用声音和表情表达人物的内心感情。

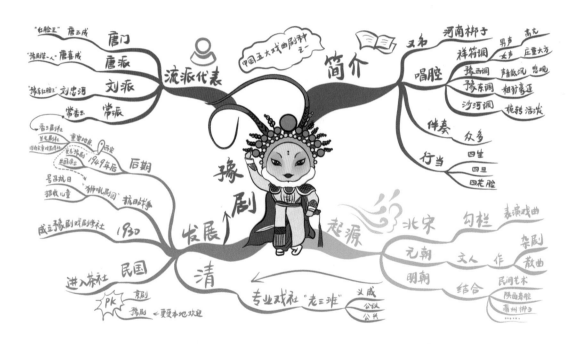

简介
- 又名 —— 河南梆子
- 中国五大戏曲剧种之一
- 唱腔
  - 祥符调 —— 男声 —— 高亢
    - 女声 —— 庄重大方
  - 豫西调 —— 声音低沉 —— 悲观
  - 豫东调 —— 粗犷豪迈
  - 沙河调 —— 婉转 活泼
- 伴奏 —— 众多
- 行当
  - 四生
  - 四旦
  - 四花脸

流派代表
- 唐门 —— 唐派 —— "红脸王" 唐玉成
  - "豫剧第一人" 唐喜成
- 刘派 —— "豫东红脸王" 刘忠河
- 常派 —— 常香玉

豫剧

发展
- 后期 —— 1949年后 —— 童年地点 —— 西安
  - "看豫剧社"
  - 巨龙剧社
  - 活动文章戏剧报纸
  - 走回演出
  - 号召抗日
  - 招收儿童 —— "狮吼剧团" —— 抗日时争
- 民国 —— 1930 —— 成立豫剧戏剧学社
  - 进入茶社 —— PK —— 京剧
    - 豫剧 —— 更受本地欢迎
- 清 —— 专业戏社 "老三班" —— 义成
  - 公议
  - 公兴

起源
- 北宋 —— 勾栏 —— 表演戏曲
- 元朝 —— 文人 —— 作 —— 杂剧
  - 散曲
- 明朝 —— 结合 —— 民间艺术
  - 陕西秦腔
  - 蒲州梆子
  - ......

豫剧

完整思维导图

画出属于你的思维导图

　　每个人心中的思维导图都不一样，小朋友们，发挥你的想象力，画出你心中的思维导图吧！

中国传统艺术

中国书法

简介

中国书法是汉字的书写艺术，包括执笔、运笔、结构和布局等内容。中国的书法追求写字的美感，所以被人们叫作"无言的诗、无声的乐、无图的画"。从夏朝开始，就有了甲骨文、金文等书法艺术，历史非常悠久。中国书法已经被列入第二批"国家级非物质文化遗产名录"。

中国书法需要使用文房四宝。

笔：用动物的毛和树木的杆做成的毛笔，可以分成硬毫、兼毫和软毫，一支好的毛笔的笔头要整齐、圆润、有弹性。

墨：用炭黑、松烟、胶等做成的用来书写和画画的颜料，使用前要先研磨。

纸：写书法时要用"宣纸"，因为它比较柔韧，洁白平整，吸水性强。

砚：用来盛放和研磨书写用的墨。

中国书法包括四个方法。

笔法：用笔的方法，比如握笔的方法，下笔的轻重等。

字法：字的结构，笔画和点的布局，也叫"结体"和"间架"，包括笔画的长短、粗细、伸缩和高低等。

　　章法：也叫"布白"，指的是一幅字的整体布局，也就是字和字、行和行之间的关系。

　　墨法：指的是墨的浓淡干湿等，这些都会影响书写的效果。

　　中国书法使用的是繁体文字，现在使用的汉字是它的简化版，它是在2000多年前的秦朝小篆变成隶书之后产生的，是一种从象形文字发展来的意音文字，比如繁体字里的"松"就写作"鬆"，"发"写作"發"。

　　经过几千年的发展，文人们发明了很多和书法有关的理论，他们认为书法不仅仅是文字的书写艺术，还包含着书写人的精神。

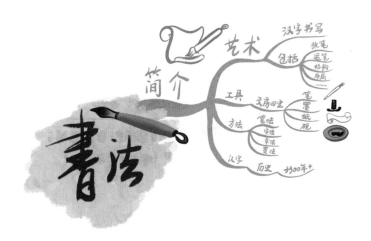

绘制思维导图第一部分

简介

中国的书法开始于汉字，汉字的产生有很多种说法，流行较广的是"仓颉造字"。相传仓颉是4700多年前黄帝的史官，当时人们使用的是"结绳记事"，就是用绳子打结来记录事情，仓颉因为使用这种方法给皇帝提供了错误的信息，使黄帝在和炎帝谈判的时候失利了，仓颉十分羞愧，辞掉了官职，四处去寻找记录事情的办法，后来通过观察自然界的各种事物发明了文字符号。

其实，早在仓颉之前就有象形文字了。人们发明文字是为了传递信息，最早的时候，文字是人们按照物品的形状画出来的一种图形，比如甲骨文的"木"就写作"𣏐"，上面是树干。还有刻在陶器上面的文字，公元前5500年至公元前4900年的裴李岗文化遗址出土的陶器上就有这种文字，到了公元前5000年至公元前3000年的仰韶文化，已经有了类似于文字的图

绘制思维导图第二部分

起源

案。这些简单的文字都可以叫作"史前书法"。

到了3600多年前的商朝，甲骨文已经比较成熟，当时的人们把文字刻在钟和鼎上，叫作"钟鼎文"，也叫"金文"，现在发现的金文一共有3500多个字。到3000多年前的周朝，金文已经形成了独特的书写风格。到了2700多年前的春秋战国时期，每个国家都有自己的文字，也有自己的风格。一直到2200多年前秦朝统一天下，秦始皇为了方便管理和交流，把秦篆定为了全国统一文字，自此，中国开始使用统一的文字。之后又经过了各种发展才成为我们今天学习的文字。

秦朝的小篆非常复杂，书写的时候很不方便，慢慢地人们开始简化文字，产生了不同的风格。秦朝的文字一共有八种不同的风格：大篆（简化的金文）、小篆（李斯简化的大篆）、刻符（刻在各种通行证上的文字）、虫书（写在旗帜上的文字）、摹印（刻在印章上的文字）、署书（写在榜上的文字）、书（写书的文字）、隶书（简化版的小篆）。

汉朝的书法一共可以分成两种。第一种是隶书，西汉时人们已经开始普遍使用隶书。其特点是字形方正，法度严谨，代表人物是蔡邕。第二种是草书，大约在2000年前的东汉创立了草书，被人们叫作"章草"，张芝发明了"今草"。草书的特点是书写自由，能够表现出书法家的个性。

三国时期，著名的书法家钟繇简化隶书，创造了楷书，又叫"真书"和"正书"，特点是形体方正，笔画平直，类似于现在我们写的"方块字"。

到了1700多年前的两晋时期，出现了很多书法大家，比如"书圣"王羲之。

这时候出现了新的书法形式"行书",它不像草书那么潦草,难以辨认,也不像楷书那么方正,而是介于两种形式之间。

到了南北朝时期,出现了"北碑南帖"的局面,最有名的是魏碑,这是一种刻在石头上的文字。

到了唐朝的时候,书法达到了中国历史上最辉煌的时期,出现了非常多的书法大家,楷书、行书和草书都有了很大的发展。颜真卿的楷书被后世的书法家当成标准,李邕是行书碑文的代表,草书的代表人物则是"颠张醉素"(张旭、怀素)。

到了宋朝的时候,书法家都开始追求书法里的意境,提倡书法应该有自己的个性,著名的书法家有苏轼、黄庭坚、米芾(fú)和蔡襄,被人们叫作"北宋四家"。

到了明朝,出现了"台阁体",大批书法家都被皇帝召到皇宫写诏命和匾额等,格式死板,内容呆滞,艺术性很低。当时的书法大部分都是临摹和仿写的前代作品,几乎没有什么创新。

到了清朝,碑学和帖学非常流行,很多书法家喜欢用石碑上的文字形式来写字。现代仍然还有很多书法家在继续创作。

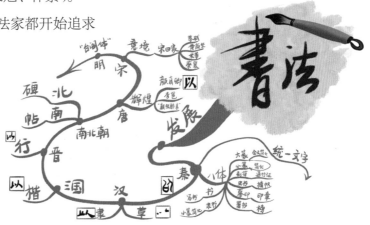

绘制思维导图第三部分

发展

流派及代表人物

隶书

代表人物是东汉的蔡邕，他是东汉时期著名的文学家，精通音乐，善于写辞，担任过很多官职，自创"飞白体"，他的书法结构严谨，形态多变，代表作是《熹平石经》。

草书

代表人物是"草圣"张芝，他是东汉时期著名的书法家，出身官宦世家，但是对名利没有兴趣，每天在家里练习书法，发明了"草书"，被人们称为"草书之祖"。他创作的书法被人们叫作"一笔书"，代表作是《八月帖》。

行书

代表人物是王羲之，他是东晋著名的书法家，擅长隶书、草书和楷书，他摆脱了前代书法的影响，创造了自己的风格，他的作品平和自然，委婉含蓄，代表作

绘制思维导图第四部分

流派及代表人物

《兰亭序》被称为"天下第一行书"。

楷书

代表人物是颜真卿，他是唐朝著名的书法家，擅长行书和楷书，创造了"颜体"楷书，和赵孟頫、柳公权、欧阳询一起被叫作"楷书四大家"。他的作品端庄雄伟，气势恢宏，代表作是《颜氏家庙碑》。

书法
——
完整思维导图

画出属于你的思维导图

每个人心中的思维导图都不一样，小朋友们，发挥你的想象力，画出你心中的思维导图吧！

国画

国画这个说法起源于汉朝，当时的古人认为汉朝在天地的中间，所以叫"中国"，所以"中国画"叫作"国画"。

古人在画画的时候要用"笔墨纸砚"，主要的绘画工具就是毛笔。国画的内容主要有三种，人物画、花鸟画和山水画，被人们叫作"画分三科"。其实，这种分法有很深的含义，人物画代表人和人的关系，山水画代表人和自然的关系，花鸟画代表人和其他生命的关系。

国画可以画在很多东西上，比较常见的有纸、绢、帛、扇子、屏风、陶瓷、器皿、墙壁等，画在纸和绢帛上的一般都要装裱起来，做成卷轴。卷轴是中国书画比较常见的装裱形式，两头装一个"轴杆"，可以卷起来收藏，方便保存。

国画的画法有两种：工笔画，又叫"细笔画"，注重写实，追求形似，要求用细致的笔法还原要画的对象，一丝不苟；写意画，重视画的意境和心灵感受，不重视形似，比工笔画生动。

按照画家的不同，国画又可以分成士大夫画的文人画和民间的民俗画。

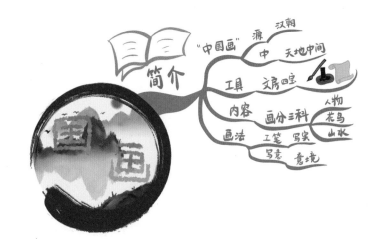

绘制思维导图第一部分

简介

　　我国有"书画同源"的说法，也就是说，在最早的时候，文字和绘画是没有区别的，都是人们为了记录和传递信息发明的。古人认为伏羲画卦是中国画的起源。

　　早在5000到10000多年前的新石器时代晚期，古人就开始制作陶器，这些陶器有黑色、白色和彩陶三种，上面有很多符号和绘画。在西安半坡村出土的一件彩陶上就画着互相追逐的鱼，还有跳跃的斑鹿，还有很多其他特殊的符号和纹饰，如绳纹、指甲纹、锥刺纹等，最有趣的是一种把人脸和鱼组合在一起的人面鱼纹，这些都是最早的画。

绘制思维导图第二部分

起源

商朝，青铜器成为地位和身份的象征，君主和贵族们喜欢制作巨大的青铜器在祭祀的时候使用，显示自己的尊贵。这些青铜器上出现了各种各样的花纹，用饕餮纹代表鬼怪和神明，用夔（kuí）龙纹代表祖先，凤鸟纹代表守护他们的图腾，比较常见的花纹还有兽面纹、龙纹、云雷纹、虎纹、蚕纹、牛纹等，都有自己的含义。除纹饰之外，青铜器上还有很多装饰画，一种是表现贵族的日常生活和礼仪活动的，另一种是表现战争场面的，故宫博物院珍藏的《宴乐铜壶》上就有战争场面的绘画。

战国时代，出现了帛画，帛是一种白色的丝织品。帛画的内容主要是天地、山川、神灵和古代的贤人等，使用朱砂、石青和石绿等矿物颜料，色彩鲜艳。长沙市陈家山出土的人物龙凤帛画，是中国现存的最早帛画。

到了汉朝，帛画的内容更加丰富，构图更加复杂，还出现了画像石和画像砖。汉朝人认为人死之后灵魂还生活在地下，所以皇帝死后也要在地下再建造一座宫殿。工匠们在建造陵墓的时候，就在砖和石头上刻上复杂精美的画，内容非常丰富，有描绘日常生活的，有历史故事，还有神仙和想象中的仙境。

到了1700多年前的魏晋南北朝时期，佛教传入中国，道教也开始兴起，这个时期的绘画大部分都是神仙和神话故事，山水画和花鸟画在这个时候也开始出现了。

到了唐朝的时候，经济繁荣，社会也比较稳定，文人们有更多的时间和精力去创作，出现了很多著名的画家和作品。王维的水墨山水，王洽的泼墨山水等都非常有名。因为唐朝的皇帝信奉道教和佛教，还有很多其他宗教，如景教、伊斯兰教等，也在这个时候开始在中国传播，所以宗教画非常繁荣。但到了宋朝，人物画已经开始描绘平常生活，宗教画慢慢变少，山水画和花鸟画成了主流。

绘制思维导图第三部分

发展

到了明朝，文人画和风俗画成了主流，还产生了很多流派，人物画越来越少。明代的画家们强调画里的主观感情，注重绘画的意境，产生了"院体""浙派"等固定风格的派别。

清朝文人画主要是山水画，写意画法比较盛行，民俗画主要是年画和版画。这个时期出现了髡残、石涛、朱耷、弘仁"四僧"和"金陵八家""新安派"等画家。

流派及代表人物

黄派

黄派又叫"黄筌画派""黄家富贵"，是黄筌创立的。他生活在1100多年前的五代时期，是前蜀国的宫廷画师，擅长画人物、山水、竹子和花鸟。他十七岁时就当了画师，

绘制思维导图第四部分

流派及代表人物

通过对鸟生活习性的观察，自己创造了一种新的风格，他画的鸟大部分是比较珍贵的鸟，富贵典雅，非常逼真，一直到宋朝，都是画师们画鸟的标准，代表作有《写生珍禽图》等。

吴门画派

吴门画派是明朝产生在苏州的一种画派，因为苏州是古代吴国的都城，所以叫"吴门画派"，代表人物有沈周、文徵明、唐寅、仇英、张宏等，他们都是苏州人。其中最有名的是唐寅，也就是唐伯虎，他出生在苏州吴县，三十岁到京城赶考，因为泄露试题案没有考中，妻子也离开他改嫁了别人，唐伯虎非常难过，一生游山玩水，靠卖字画生活。他擅长山水、花鸟和人物画，主要以写意画为主，代表作有《骑驴思归图》《山路松声图》《事茗图》《王蜀宫妓图》《李端端落籍图》等，现在被收藏在世界各大博物馆里。

米派

米派是中国著名的山水画派，创始人是米芾，儿子米友仁继承和发展，擅长画有烟云笼罩的山水和景色，也被人们叫作"米点山水"。米芾出生在宋代，擅长绘画、诗文和鉴别，他个性怪异，举止癫狂，还曾经和石头称兄道弟，被人们叫作"米癫"。他的画作到现在已经全部遗失了。不过，他写了一本《画史》，里面记录了他收藏和鉴别古画的方法和创作心得。

简介
- "中国画" 源 汉朝
  - 中 天地中间
- 工具 文房四宝
- 内容 画分三科
  - 人物
  - 花鸟
  - 山水
- 画法 工笔 写实
  - 写意 意境

流派代表
- 宫廷画师 五代 黄筌 黄派
- 《写生珍禽图》作品
- 苏州 明朝 吴门画派
- 唐寅 代表
- 宋 米芾 米派
- 好 米友仁

发展
- 帛画
  - 天地 山川 神灵 贤人
  - 战国 丰富
    - 画像石 出现 画像砖
  - 汉
  - 魏晋南北朝
    - 山水 出现 花鸟
    - 神仙 内容 神话
    - 繁荣 宗教画
- 青铜器 花纹
- 商

唐
- 山水 浅墨 王洽
  - 水墨 王维

宋
- 主流 山水 花鸟
- 文人画 主流 派别
- 风俗画

明

清 盛行
- 文人画 写意 山水
- 民俗画 年画
- 版画

起源 书画同源 伏羲画卦
- 最早 新时器 陶器 符号 绘画 纹饰

国画

完整思维导图

画出属于你的思维导图

　　每个人心中的思维导图都不一样，小朋友们，发挥你的想象力，画出你心中的思维导图吧！

剪纸

简介

剪纸，也叫刻纸，就是把纸剪成各种各样的图案和形状，贴在门上、窗上或者墙壁上，增加节日气氛。剪纸是我国农村地区非常流行的民间艺术，一般都是在过节或者家里有喜事的时候使用。

剪纸的造型很多，有人物、鸟兽、文字、器具、花草树木等，一般造型都比较夸张和简单，突出其中一个特点，十分有趣。

剪纸的方法一般有两种，一种是用剪刀剪出图案，另一种是把纸折叠在一起，用锋利的小刀，按照模型划刻，一次可以加工出很多张剪纸。

这些剪纸的用法一共有六种：喜花，婚嫁的时候张贴的一种剪纸，一般都是红色，造型喜庆，有鸳鸯、"囍"字、喜鹊、龙凤等，有的贴在窗上，有的贴在墙壁上，可以增加喜庆的气氛；礼花，放在礼品上的一种剪纸，比如在福建地区的很多农村，人们在赠送寿礼的时候就会摆放乌龟图案的剪纸，寓意"长命百岁"；刺绣底样，在给布鞋、帽子、衣服上刺绣时，先用剪纸剪出要绣的图案，再按照图案绣出造型；门笺，贴在门楣或者房屋的梁上作为装饰，下面一般都有流苏，有各种动物和植物的造型，也有

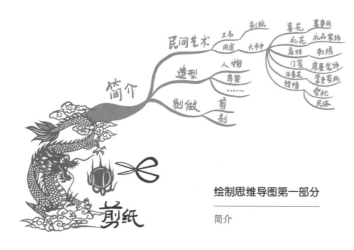

绘制思维导图第一部分
———————
简介

的是寓意比较好的字，每个字都单独剪出，最后贴在一起，比如"国泰民安""身体健康""风调雨顺"等，代表着人们对美好生活的祝福；斗香花，一种套色剪纸，一般有8张到10张，每张颜色都不一样，色彩对比比较鲜明（"斗香"是以前民间在中秋时烧的一种香，形状和宝塔一样）；旗幡，把纸剪成旗帜或者旗幡（一种竖直悬挂的长幅旗帜）的造型，在祭祀祖先或各种民俗活动中使用。

　　在剪纸艺术产生以前，人们就开始用其他材料镂刻出不同的造型和图案，这些可以看成是剪纸的前身。在2000多年前的战国时期，人们就开始在银箔和皮革等材料上雕刻花纹，用来装饰。

　　在秦汉时期，爱美的女性用彩色纸、绸缎、云母片等材料，剪成花、鸟、鱼、虫等漂亮的图案，贴在额头、嘴角和脸上，这种类似于剪纸的装饰品一直到唐朝都在使用。

　　由于剪纸是一种民间艺术，所以它出现的时间没有准确的记录，目前我国发现的最早的剪纸作品是新疆吐鲁番地区出土的团花剪纸：对马团花、对猴团花、对蝶团花剪纸、菊花团花和人形剪纸等，经过研究，它们应该属于1600多年前的北朝时期。

绘制思维导图第二部分

起源

　　唐朝时，剪纸艺术在民间已经非常流行，很多地方都有了用"花幡"招魂的习俗。由于唐代的宗教比较繁荣，也出现了很多和宗教有关的剪纸，用来装饰佛寺、道观等宗教场所，内容大部分是宗教神仙和传说故事，造型非常复杂。唐代还出现了用厚纸做成的印花版，用来给服装染印各种美丽的图案。

　　到了宋朝，造纸行业已经非常成熟，纸的产量和种类越来越多，价格也变得便宜，剪纸艺术越来越普及。当时民间已经有了专业的剪纸艺人，剪纸行业还细分成了很多类型，有的专门剪各种花样的图案，有的专门剪字。过年过节时已经有了贴窗花的习俗，还有些地方用动物的皮剪成各类造型，用来演唱皮影戏。人们还使用剪纸制作瓷器上的图案，或者给布料染上各种花色。

　　明朝出现了一种"夹纱灯"的剪纸艺术，先用纸剪出各式的造型，然后夹在两片

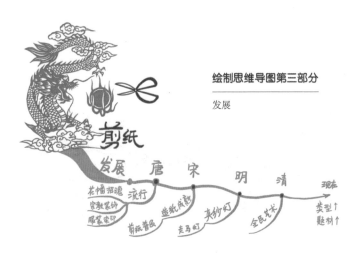

绘制思维导图第三部分

发展

纱布中间做成灯笼，只要点燃灯笼，就能看到各种造型的投影，非常有趣，这种灯也叫"走马灯"。

到了清朝，剪纸已经成了一种全民艺术，不管贵族还是普通百姓的生活，都已经离不开剪纸了，紫禁城里的皇宫贴上了窗花，墙壁上也贴着剪纸，普通百姓的家里也贴着顶棚花和墙画。

现在，剪纸艺术家们创造了很多新的剪纸类型和题材，剪纸艺术百花齐放，更加丰富多彩了。

作品分类

剪纸作品可以分成单色剪纸、彩色剪纸和平面剪纸、立体剪纸。

单色剪纸就是一幅作品中只使用一种颜色的纸，一般用来制作窗花和刺绣的底样等。在制作时一般有三种方法：折叠剪纸，这是最常用的一种方法，先把纸通过不同的方式折叠，然后用剪刀剪出造型，一般用来剪对称的人物、动物和几何图案的造型，比较简单；剪影，用剪刀和刻刀剪出人物的侧影，一般使用黑色的纸，像素描一样，需要看着对象剪；撕纸，不使用剪刀，而是用手撕出造型，不适合制作精细的造型。

彩色剪纸就是一个作品里有多种颜色的纸张，一般用来制作比较复杂的造型，可以用毛笔蘸上不同的颜色进行点染，也可以使用不同颜色的纸张进行套剪，还可以使用喷绘工具进行染色。

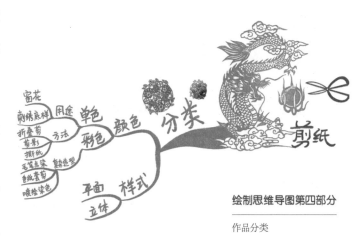

绘制思维导图第四部分

作品分类

平面剪纸就是在一个水平面上的剪纸作品；立体剪纸是立体化的新型剪纸，通过折叠、剪刻、黏合、涂色制作出各种各样复杂的造型。

北方派

陕西地区的民间剪纸被人们称为"活化石"，造型古朴，风格粗犷，有古代的神话传说，也有生产和生活的内容。代表人物是库淑兰，她是咸阳旬邑县人，六岁时开始学习剪纸，十七岁出嫁之后，也一直在学习剪纸。她的作品构图大胆，色彩鲜艳，很快就有了名气，被人们叫作"剪花娘子"。1996年，她还被联合国教科文组织授予了"杰

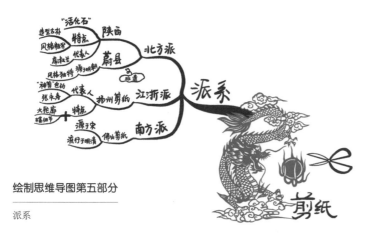

绘制思维导图第五部分

派系

出民间艺术大师"的称号，她的作品在很多美术馆和画廊展出，深受大家的喜爱。

蔚县剪纸起源于明朝，到了清朝，民间艺人们把剪改成了刻，在构图、造型和色彩上有自己独特的风格。2006年被列入第一批"国家级非物质文化遗产名录"。

蔚县剪纸的题材主要有花鸟鱼虫、戏曲人物和戏曲脸谱，造型夸张，想象力丰富，生动活泼。现在，蔚县每年生产300万套剪纸作品，销售到世界70多个国家，有1100户专门从事剪纸，还举办了多次艺术节，发展得非常好。

江浙派

扬州是剪纸艺术最先流行的地区，早在1000多年前的唐朝，这里就有了在立春日剪纸迎春的习俗。清朝时，扬州出现了"神剪"包钧，剪的花鸟鱼虫都非常生动传神。到了现代，著名的剪纸艺人张永寿被授予了"中国工艺美术大师"的称号。江浙地区的剪纸追求大的轮廓，在大轮廓里追求丰富的细节，主要题材有人物、鸟兽、风景名胜等。

南方派

广东佛山剪纸源于宋代，明清时期流行，从明代起佛山剪纸已有专门从事大量生产的行业。题材绝大多数是花鸟虫鱼、戏曲人物和民间故事，如"龙""凤""鲤鱼""孔雀""和合二仙""六国封相""嫦娥奔月""八仙闹东海"等。

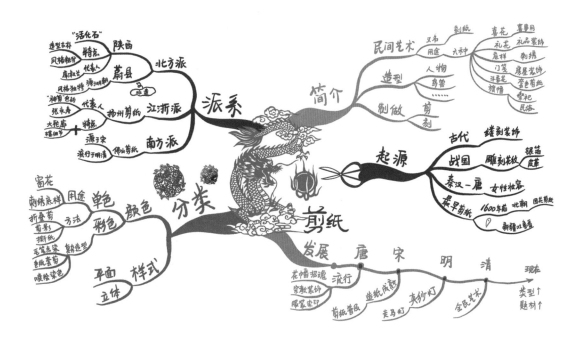

剪纸
———
完整思维导图

画出属于你的思维导图

每个人心中的思维导图都不一样，小朋友们，发挥你的想象力，画出你心中的思维导图吧！

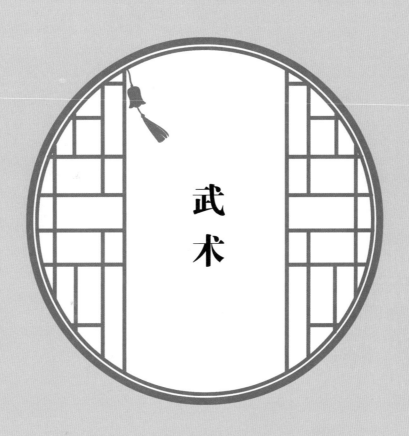

武术

武术

中国武术，又叫中国功夫，是一种对抗和搏击技术，通过踢、打、摔、拿等一系列动作，徒手或者使用器械来对敌人造成伤害，现在已经成为一种运动项目。中国武术有固定的套路，也有自由的散手，讲究内外兼修，既要修炼武术，还要修炼武德，不畏惧强大的对手，也不欺压比自己弱小的人。

在原始社会，生存环境非常恶劣，人们要面对凶猛的野兽，使用工具打败它们，才能获得食物。所以，工具的使用方法就成了最早的武术，慢慢固定下来。到了后来，部落之间的战争变得越来越频繁，人们不仅要对付凶猛的野兽，还要和其他部落的人对抗，对付敌人的办法也成了武术的一种。

到了3000多年前的商朝，用马拉动的战车成了战场上的主要工具，当时的贵族都要学习驾驶战车，这也是武术的一种。孔子说的"君子六艺"就有射箭和驾车。当时还出现了矛、戈、戟、斧、刀、剑等用青铜制作的兵器，这些兵器都有不同的用法，平时也要进行训练和比赛，这些都是武器的使用方法。

到了2700多年前的春秋时期，铁制的兵器开始出现，战车慢慢减少，出现了步兵和骑兵，原来在战车上使用的武器也变短了，武器变得越来越多，需要的技术也越来越复杂，人们对武术越来越重视。当时很多国家每年都要进行比武，已经出现了技巧性很强的拳法。春秋时期的贵族之间发生矛盾时，一般要用决斗的方式来解决，所以学习武术的风气非常流行。

2020年1月8日，武术被列入第四届青年奥林匹克运动会正式比赛项目。

绘制思维导图第一部分

起源

 发展

在2200多年前的秦朝，流行一种叫作"角抵"的武术比赛，类似于现在的摔跤，两个人赤裸上身，使用摔、绊、背等方法打倒对方。到了汉朝，已经有了固定套路的剑舞、刀舞等，形成了很多武术流派，光是史书里记载的就有13家。

到了1300多年前的唐朝，科举制度里面加入了武举，只有通过武举考试的人才能做将军，考试科目有马射、步射、平射、马枪、负重、摔跤等，当时的社会上非常流行练武。

到了1000多年前的宋朝，民间出现了很多武术组织，他们自己制作了很多简陋的兵器练习武术，然后到街头表演，当时的城市里到处都能看到正在表演的人。不过，宋朝的统治者重文轻武，武术发展缓慢。元朝建立以后，禁止百姓私藏武器，也不许传授武术，武术发展进入了停滞期。

到了600多年前的明朝，武术发展非常繁荣，出现了很多不同的风格和流派，太极拳、洪武拳、形意拳、八卦拳等都是在明朝形成的。明朝还出现了很多武术的专著，如《纪效新书》《武篇》等，里面记录着各种武器的使用方法和武术动作。

到了300多年前的清朝，政府禁止民间练武，很多人组成了秘密武术社团，比较有名的是天地会，他们用"反清复明""替天行道"等口号，参加的人大部分是穷苦百姓，人数非常多。在这个时候，人们更加重视武术的健身作用，开始和道

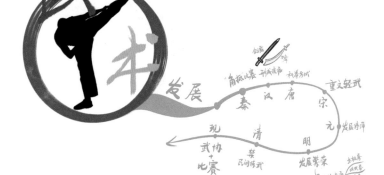

绘制思维导图第二部分

发展

家的养生结合起来，形成了内功，产生了很多武学著作，比如吴殳的《手臂录》、张孔昭的《拳经拳法备要》、王宗岳的《太极拳论》等。

现在国家成立了各级武术协会，还组织了各种专业比赛，编制了适合普通人强身健体的武术套路，武术得到了更好的发展。

学派

中国的武术流派有很多，主要有三大宗。

少林派

少林派是中国流传最广，历史最长，拳法最多的武学门派，起源于河南嵩山少林寺，

在唐朝就已经出名了。少林派的武功是武僧们在长期练习和对战中创造的，有一百多种拳法，几十种棍法、枪法和刀法等，还有各种对战套路和气功，是中国武术第一流派。

武当派

武当派位于湖北省武当山，是张三丰创立的。武当派比较重视修炼内功和武德，认为武功是用来强身健体和终止战争的，太极拳、八卦拳和形意拳都是从武当内家拳变化来的。

峨眉派

峨眉派在四川峨眉山，和少林派、武当派被叫作"中国武学三大名宗"。早在1000多年前，峨眉派就已经出现了，很多书籍中都有相关记载，比其他门派要早得多，所以有"天下武功出峨眉"的说法。峨眉派的武功讲究内外兼修，后来又结合了少林寺龙、蛇、虎、鹤、豹五种拳法，形成了独特的武术流派。

陈沟"偷拳"

杨氏太极拳创始人杨露禅从小就喜欢武术，因为家里贫苦，只能在药店干活赚钱。这个药店的老板是太极拳大师陈德瑚开的，他见杨露禅勤奋踏实，聪明能干，就安排他到自己的家乡去做工。陈家的太极拳有不能传给外人的规定，当时陈德瑚的弟弟陈长兴正好在这里教徒弟练拳，杨露禅想拜师学习，又怕他不答应，只能在他教学生的时候在一旁偷偷看，用心记下招式，再私下练习，没过多久，他竟然练成了一手好拳法。后来，这件事被陈长兴发现了，他不但没有怪罪杨露禅，还夸他是个练武的好苗子，正式收他做了徒弟。杨露禅跟着师傅一直学习了十八年，学成时已经四十岁了。学成之后，他到北京收了很多弟子，教他们练拳，被人们叫作"杨无敌"。

闻鸡起舞

晋朝时有个叫祖逖的人，从小就有远大的理想和抱负，可是却不喜欢读书，非常的淘气。长大之后，他觉得自己的知识太少，根本不能报效国家，于是努力读书，认真学习。过了几年，有人推荐他做官，他还是不去，而是更加努力学习。后来，他和好朋友刘琨一起做了官。两个人睡到半夜时，突然听到了鸡叫，祖逖从梦中惊醒，摇醒了还在睡觉的刘琨，对他说："从今天起，我们从鸡打鸣的时候就起床练剑怎么样？"刘琨欣然同意。从此以后，两个人每天很早就开始练剑，没有一天间断。后来，他们都成了文武全才的人，不仅能写文章，还能带兵打仗。

陈沟"偷拳"　历史典故
闻鸡起舞

绘制思维导图第四部分

历史典故

运动项目

内外兼修 ── 武术
　　　　　　武德

起源

追溯 ── 原始社会 ── 工具使用
　　　 商代 ── 战争
　　　　　　　驾驭战车

君子六艺 ── 含 ── 御 ── 驾车
　　　　　　　　　射 ── 射箭

春秋 ── 铸制兵器

陈沟"偷拳"
闻鸡起舞 ── 历史典故

流传最广
历史最长 ── 三最
拳法最多

少林寺 ── 源 ── 少林

张三丰 ── 创始人
内功 ── 重视 ── 武当
武德

内外兼修 ── 主张 ── 峨眉
少林武当 ── 结合

三大名宗 ── 学派

发展

秦 汉 唐 ── 重文轻武
角抵比赛　弄成演出　祝拳考试　宋
剑法　舞蹈

元 ── 发展停滞

观 ── 清 ── 明 ── 发展繁荣
武协 ── 比赛　民间练武　太极拳
　　　　　　　　　　　　形意拳
　　　　　　　　　　　　刘意拳
　　　　　　　　　　　　八卦掌

武术

完整思维导图

画出属于你的思维导图

每个人心中的思维导图都不一样，小朋友们，发挥你的想象力，画出你心中的思维导图吧！

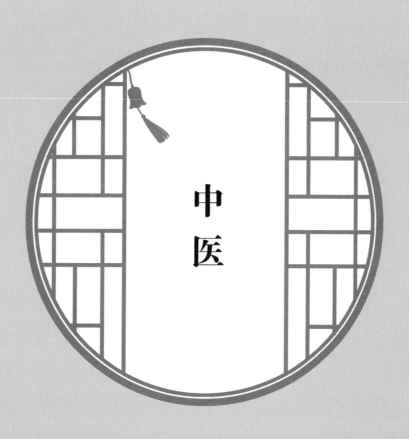

中医

中医

中国医学即我们所说的中医，是我国劳动人民经过长期的积累和研究创造的学科，通过研究人体的生理、病理，从而诊断和治疗疾病。早在2000多年前，中医专著《黄帝内经》问世，奠定了中医学的基础。

中医产生于原始社会，当时负责给人们治病的叫"巫师"，原始人无法正确认识疾病，认为通过一系列神秘活动可以和鬼神沟通，治愈身体。最早的汉字中"医"就写作"毉"，下面就是"巫"字。后来人们在无意中发现某些植物可以治愈疾病，就把这些植物的特征和性状记录下来，逐渐发展成一门学科，医师也慢慢从巫师的职业里脱离出来。

中医的理论基础是阴阳和五行学说。中医认为，世界上所有的东西都有阴阳两面，人的身体也一样，阴和阳如果出现了不协调的情况，人就会生病，中医要做的就是调理阴阳。

五行理论认为，世界是由"金木水火土"五种元素组成的，这五种元素相互克制，也可以互相产生，五行之间应该保持稳定的相生和相克关系，形成一个良性循环，如果这个系统出现问题，人就会生病。

中医诊断的方法主要有四种：望，通过观察病人的外部状态来推测病因；闻，听声音和闻气味；问，询问病人症状；切，摸病人的脉象。

确定了病因以后，中医通过中药、针灸、推拿、按摩、拔罐等方式进行治疗。

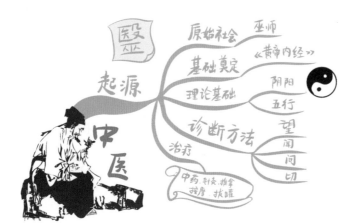

绘制思维导图第一部分

起源

在2700多年前的春秋战国时期，扁鹊提出了人体内有经络和脉象，开始使用"望闻问切"的方法诊断。

到了2000多年前的汉朝，中医开始用阴阳和五行理论来解释人体的生理现象，出现了专业的医生"医工"。被人们称为"医圣"的张仲景就是这个时候出现的，他写出了医学著作《伤寒杂病论》，提出了"八纲"：阴、阳、表、里、寒、热、虚、实，这是中医辨证治疗的基础。东汉末年，出现了被人们叫作"外科之祖"的华佗。

到了唐朝，外科手术已经慢慢成熟，医生在做手术时还会用酒作为麻醉药。当时最著名的医生是被人们叫作"药王"的孙思邈，他通过不断走访和治疗，总结了前人的经验，收集了5000多个药方，写成了医学巨著《千金方》。

宋朝政府设立了专门的翰林医学院来培养专业的医师；因为印刷术已经非常成熟，宋朝还设置了专门的"校正医书局"，聚集了很多医师和学者，对中医的书籍进行了整理和修改，还编订了《太平圣惠方》，里面记载了16834个药方。宋朝的医学分科已经比较完善了。

到了明朝，中医分成了温补派、滋阴派和温病派，外科也有了新的发展。陈实功写的《外科正宗》里就记录了很多关于外科手术的知识。被后世叫作"药圣"的李时珍编著了《本草纲目》。

到了清朝，西医开始进入中国。

绘制思维导图第二部分

发展

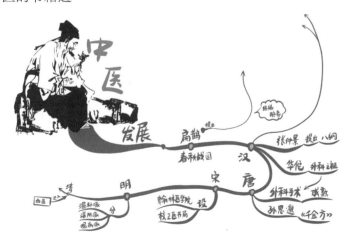

代表人物

华佗

华佗生活在1800多年前的东汉末年，是著名的医学家，和董奉、张仲景一起被称为"建安三神医"。他从小就对医学有着浓厚的兴趣，长大之后四处游学，给人看病，积累了丰富的医学知识，精通内科、儿科和针灸等，尤其擅长外科手术，发明了最早的麻醉剂"麻沸散"，人们都叫他"外科圣手""外科鼻祖"。一直到现在，人们还用"华佗在世"来赞美医生。他的代表作是《青囊经》，但已经流失。

张仲景

张仲景生活在1800多年前的东汉时期，被人们称为"医圣"。张仲景从小就对医学产生了浓厚的兴趣，十岁的时候已经读了很多医学书籍，后来，他又跟着当时的名医张伯祖学习医术，帮助看不起病的穷苦百姓，深受人们的爱戴。他的代表作是《伤寒杂病论》和《金匮要略》。

绘制思维导图第三部分

代表人物

孙思邈

孙思邈生活在1400多年前的唐朝，被人们叫作"药王"。孙思邈非常喜欢读书，七岁的时候就能认识一千多字，人们都叫他神童。后来他身患疾病，花了家里很多钱，从此，他立志做一名医生，开始刻苦学习医术。到二十岁时，孙思邈就开始给邻里乡亲看病。经过几十年的经验积累，他把自己的知识全都写进了《千金方》里。

伤寒学派

伤寒学派主要研究张仲景的著作《伤寒杂病论》。

河间学派

河间学派的创始人是刘完素，他生活在900多年前的金国，二十五岁开始研究《黄帝内经》，又拜了很多名医学习医术，最后终于创立了"寒凉派"，因为他是河间人，所以也叫"河间学派"。

绘制思维导图第四部分

学派

医经学派

医经学派以《黄帝内经》为主导，围绕脏腑经络、病因病机、养生、治则等展开研究。

易水学派

易水学派的开山鼻祖是出生于1131年左右的张元素，其弟子有李东垣、王好古等人。

历史典故

讳疾忌医

战国时期，有一个医术很高的人名叫扁鹊。有一次，他路过齐国，去拜见蔡桓公，在谈话的过程中，他发现蔡桓公气色不好，就对他说："您得了严重的病，必须马上治疗。"蔡桓公不相信他，还对其他人说："扁鹊只是想通过给没有病的人治病来获取名声。"

过了十天，扁鹊又来见蔡桓公，告诉他："您的病已经进入血液了，再不治病情就要恶化了。"蔡桓公还是不信，扁鹊只能走了。

过了十天，扁鹊又看到了蔡桓公，见他脸色非常难看，惊慌失措地说："大王，病已经到您的心脏了，再

绘制思维导图第五部分

历史典故

不治就有生命危险。"蔡桓公非常生气，拂袖而去。

又过了十天，扁鹊远远看到蔡桓公，转身就走，蔡桓公觉得奇怪，派人去问，扁鹊说："蔡桓公已经病入骨髓，我已经无能为力了。"过了几天，蔡桓公疾病发作，全身疼痛，派人去找扁鹊时，他早就跑到秦国去了。

这个故事告诉我们，有缺点和错误就要及时改正，不能逃避和掩饰。

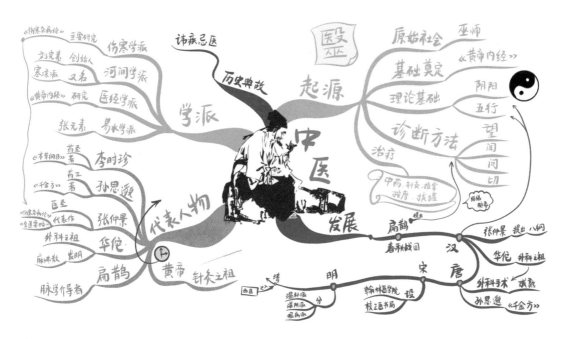

中医

完整思维导图

画出属于你的思维导图

　　每个人心中的思维导图都不一样，小朋友们，发挥你的想象力，画出你心中的思维导图吧！

作者简介

文字作者：王阳

国学类公众号资深主笔，专栏作者，自由撰稿人，多年来致力于国学和传统文化的研究和推广。

思维导图作者：袁浩

英国博赞思维导图认证 TBLI 讲师，师从思维导图发明人 Tony Buzan 教授和世界思维导图锦标赛首位中国冠军刘艳老师。

第九届世界思维导图锦标赛官方认证选手训练讲师、北京赛区副裁判长；世界思维导图理事会编委会成员；中国最大手绘思维导图指导老师；得到 APP 每天听本书脑图作者。